CADERNO DE ATIVIDADES 8

Organizadora: Editora Moderna
Obra coletiva concebida, desenvolvida e produzida pela Editora Moderna.

Editora Executiva:
Ana Claudia Fernandes

5ª edição

© Editora Moderna, 2018

Coordenação editorial: Ana Claudia Fernandes
Elaboração de originais: Camila Petroni, Sandra Machado Ghiorzi, Carlos Eduardo de Almeida Ogawa
Edição de texto: Carlos Eduardo de Almeida Ogawa, Edmar Ricardo Franco, Maiara Henrique Moreira, Bruno Cardoso Silva, Maria Clara Antonelli, Sandra Machado Ghiorzi
Assistência editorial: Rosa Chadu Dalbem
Gerência de *design* e produção gráfica: Sandra Botelho de Carvalho Homma
Coordenação de produção: Everson de Paula, Patricia Costa
Suporte administrativo editorial: Maria de Lourdes Rodrigues
Coordenação de *design* e projetos visuais: Marta Cerqueira Leite
Projeto gráfico e capa: Daniel Messias, Otávio dos Santos
Pesquisa iconográfica para capa: Daniel Messias, Otávio dos Santos, Bruno Tonel
Fotos: Thomas Samson/AFP/Getty Images, v74/Shutterstock, Sociedade Histórica de Nova York/Getty Images – Museu do Louvre, Paris
Coordenação de arte: Carolina de Oliveira
Edição de arte: Paula de Sá Belluomini, Tiago Gomes Alves
Editoração eletrônica: Avits Estúdio Gráfico
Coordenação de revisão: Maristela S. Carrasco
Revisão: Cárita Negromonte, Renato da Rocha
Coordenação de pesquisa iconográfica: Luciano Baneza Gabarron
Pesquisa iconográfica: Vanessa Manna, Daniela Chahín Baraúna
Coordenação de *bureau*: Rubens M. Rodrigues
Tratamento de imagens: Fernando Bertolo, Joel Aparecido, Luiz Carlos Costa, Marina M. Buzzinaro
Pré-impressão: Alexandre Petreca, Everton L. de Oliveira, Marcio H. Kamoto, Vitória Sousa
Coordenação de produção industrial: Wendell Monteiro
Impressão e acabamento: Log&Print Gráfica, Dados Variáveis e Logística S.A.
Lote: 788077
Código: 24112042

Dados Internacionais de Catalogação na Publicação (CIP)
(Câmara Brasileira do Livro, SP, Brasil)

Araribá plus : história : caderno de atividades / organizadora Editora Moderna ; obra coletiva concebida, desenvolvida e produzida pela Editora Moderna ; editora executiva Ana Claudia Fernandes. – 5. ed. – São Paulo : Moderna, 2018.

Obra em 4 v. para alunos do 6º ao 9º ano.
Bibliografia

1. História (Ensino fundamental) I. Fernandes, Ana Claudia.

18-16956   CDD-372.89

Índices para catálogo sistemático:
1. História : Ensino fundamental   372.89

Maria Alice Ferreira – Bibliotecária – CRB-8/7964

ISBN 978-85-16-11204-2 (LA)
ISBN 978-85-16-11205-9 (LP)

Reprodução proibida. Art. 184 do Código Penal e Lei 9.610 de 19 de fevereiro de 1998.
Todos os direitos reservados
EDITORA MODERNA LTDA.
Rua Padre Adelino, 758 – Belenzinho
São Paulo – SP – Brasil – CEP 03303-904
Vendas e Atendimento: Tel. (0_ _11) 2602-5510
Fax (0_ _11) 2790-1501
www.moderna.com.br
2024
Impresso no Brasil

1 3 5 7 9 10 8 6 4 2

Imagens de capa
A *balsa da Medusa*, pintura de Théodore Géricault, 1818-1819; sala do Museu do Louvre, em Paris, França, onde a pintura está localizada (foto de 2018); *videogame* portátil.

A obra *A balsa da Medusa* é um ícone do Romantismo, movimento sociocultural surgido entre os séculos XVIII e XIX. Influenciado pela Revolução Francesa e pela expansão napoleônica, o Romantismo expressou as transformações em curso na Europa naquele período, temas que serão estudados neste livro.

SUMÁRIO

UNIDADE 1 O Antigo Regime em crise na Europa 4

UNIDADE 2 A Revolução Industrial na Inglaterra 12

UNIDADE 3 A Revolução Francesa e seus impactos na Europa e na América 19

UNIDADE 4 A independência dos Estados Unidos e das colônias espanholas 27

UNIDADE 5 O processo de independência do Brasil 37

UNIDADE 6 O Brasil do Segundo Reinado 46

UNIDADE 7 Revoluções, nacionalismo e teorias na Europa do século XIX 55

UNIDADE 8 O imperialismo no século XIX 64

UNIDADE 1 O ANTIGO REGIME EM CRISE NA EUROPA

RECAPITULANDO

O SÉCULO DAS LUZES: O ILUMINISMO

Na França absolutista, o monarca era o fundamento da soberania e todas as esferas do poder eram exercidas em seu nome. A posição social e os privilégios dos indivíduos eram herdados, exceto pelos burgueses que podiam comprar títulos de nobreza. A sociedade era dividida em **estados** ou **estamentos**: o clero era o primeiro estado, a nobreza o segundo e todo o restante da sociedade o terceiro.

Em reação a algumas características dessa sociedade, que ficou conhecida como **Antigo Regime**, pensadores de diversas áreas formaram o **iluminismo** (ou **ilustração**), movimento que valorizava o uso da razão e o desenvolvimento da ciência para compreender a realidade e conduzir a vida em sociedade.

Os iluministas criticavam o fanatismo religioso, as superstições, o poder e a influência cultural da Igreja e os privilégios da nobreza. Defendiam a liberdade e a igualdade para todos os seres humanos, a **educação laica**, proporcionada pelo Estado, que seria gratuita e voltada para o desenvolvimento das ciências, dos ofícios e das técnicas.

É importante destacar que, apesar de partilharem ideias em comum, os iluministas discordavam entre si sobre temas como a desigualdade social e a participação política do povo.

Conheça a seguir alguns dos principais pensadores iluministas.

- **John Locke (1632-1704).** Defendia que a liberdade, a felicidade e a propriedade são direitos naturais das pessoas, que devem ser assegurados pelo governante.
- **Montesquieu (1689-1755).** Acreditava que um conjunto de leis asseguram a liberdade dos indivíduos e que a divisão do poder em Executivo, Legislativo e Judiciário evitaria o surgimento de regimes despóticos.
- **Voltaire (1694-1778).** Defendia o uso da razão para livrar o povo da ignorância e uma monarquia não absolutista orientada pelos ideais iluministas para atingir a liberdade política.
- **Jean-Jacques Rousseau (1712-1778).** Afirmava que os governos devem subordinar-se à vontade soberana do povo. Também acreditava que o ser humano é bom por natureza, sendo desvirtuado pela sociedade.
- **Adam Smith (1723-1790).** Formulou as primeiras teorias econômicas liberais, defendendo a livre-iniciativa e o fim da intervenção do Estado na economia. Para ele, a lei da oferta e da procura regula a relação entre os indivíduos no mercado.

As ideias iluministas e liberais inspiraram os **déspotas esclarecidos**, monarcas europeus que, na segunda metade do século XVIII, promoveram reformas com o objetivo de tornar a administração do reino mais eficiente, sem alterar a hierarquia social do reino.

OS VALORES ILUMINISTAS NO MUNDO CONTEMPORÂNEO

As ideias iluministas forneceram as bases para a organização política da maior parte dos países hoje. No Brasil, o Estado está organizado em três poderes autônomos e complementares, o **Poder Executivo**, o **Poder Legislativo** e o **Poder Judiciário**. O Estado brasileiro é **laico**, e a liberdade religiosa é garantida pela Constituição. Todas essas características têm origem nas ideias iluministas.

O estímulo à ciência também é uma proposta iluminista. O ensino com bases científicas e livre de crenças e dogmas religiosos foi uma das principais heranças do iluminismo para o mundo atual.

Ao mesmo tempo que se desenvolviam as ideias iluministas, em meados do século XVIII, tinha início a Revolução Industrial na Inglaterra, que resultou em grande desenvolvimento tecnológico. Desde então, o conhecimento científico passou a ser utilizado para controlar a natureza, colocando-a a serviço das pessoas. Hoje, as descobertas científicas e os inventos se sucedem cada vez mais rápido, e a capacidade humana de manipular a natureza é imensa.

Nas últimas décadas, inúmeras características do iluminismo passaram a ser criticadas, como a visão triunfalista sobre o potencial da razão e a crença no **progresso**.

AS REVOLUÇÕES INGLESAS DO SÉCULO XVII

A Inglaterra foi governada pela **dinastia Tudor** do final do século XV ao início do século XVII, período em que houve grande desenvolvimento econômico e profundas transformações sociais. Nesse intervalo, a Coroa inglesa incentivou o desenvolvimento do comércio e da indústria naval, transformando a Inglaterra na maior potência marítima do mundo e favorecendo a formação de uma burguesia comercial e manufatureira.

Após a Reforma Protestante, surgiu a *gentry*, pequena nobreza rural de mentalidade capitalista que adquiriu as terras confiscadas da Igreja Católica. A maior parte da *gentry* criava ovelhas para fornecer lã às manufaturas de tecidos.

No século XVI, as terras comunais, usadas coletivamente pelos camponeses, começaram a ser cercadas por seus proprietários. Esse processo continuou nas próximas décadas, e a **política de cercamentos**, aprovada pelo governo no século XVIII, causou forte impacto social, fazendo com que muitos camponeses fossem expulsos das terras que ocupavam.

Em 1603, a morte da rainha Elizabeth I pôs fim à dinastia Tudor. O sucessor foi seu primo, Jaime I, da **dinastia Stuart**. Durante seu governo, ele enfrentou agitações, revoltas e conspirações, e entrou em conflito com o Parlamento e com a Igreja Anglicana.

Carlos I assumiu o trono inglês em 1625, após a morte de seu pai, e suas medidas autoritárias aumentaram a insatisfação dos parlamentares com a Coroa. Entre os mais descontentes estavam os **puritanos**, calvinistas ingleses que eram, em sua maior parte, donos de manufatura ou membros da pequena nobreza rural. A tensão culminou na invasão do Parlamento por tropas reais em 1642 e na eclosão de uma **guerra civil**.

A alta nobreza, católica e anglicana, posicionou-se ao lado do rei. A pequena nobreza rural (*gentry*), os pequenos proprietários de terra, a nova burguesia mercantil, os donos das manufaturas e os setores mais excluídos da sociedade posicionaram-se ao lado do Parlamento.

Ao final de sete anos, o exército real foi derrotado e Carlos I executado. Oliver Cromwell, comandante do exército parlamentar, instituiu a **República Puritana**. Uma das medidas de Cromwell foram os **Atos de Navegação**, de 1651, que estabeleciam que as mercadorias negociadas com a Inglaterra só poderiam ser transportadas em navios ingleses ou dos países produtores.

Cromwell se tornou um ditador e foi muito criticado até mesmo por seus apoiadores. Ele morreu em 1658, e em 1660 a dinastia Stuart foi restaurada com Carlos II. Seu sucessor e irmão, Jaime II, tentou restaurar o catolicismo na Inglaterra e foi deposto em 1688. Ele foi substituído por sua filha Maria II e o marido dela, Guilherme de Orange, acontecimento conhecido como **Revolução Gloriosa**.

As Revoluções Inglesas criaram condições para o rápido desenvolvimento do capitalismo na Inglaterra e consolidaram a **hegemonia burguesa** e a monarquia parlamentar no país.

A INGLATERRA NA LIDERANÇA DA ECONOMIA EUROPEIA

A Inglaterra foi um dos reinos europeus que mais se beneficiaram com a colonização da América. O comércio de produtos coloniais na Europa era muito rentável, e os comerciantes britânicos ainda forneciam escravos e produtos manufaturados para suas colônias.

O crescimento do comércio externo fez acelerar as transformações no campo. Os cercamentos aumentaram, e um grande contingente de mão de obra disponível e barata passou a buscar trabalho nas cidades.

Os proprietários de terra modernizaram a agricultura por meio do **sistema trienal de cultivos**, que fez crescer a produção agrícola e facilitou a criação de ovelhas. Estas, por sua vez, forneciam adubo para o solo. Outras inovações no campo foram a criação confinada de gado e a aração profunda do solo.

A participação da Inglaterra no tráfico atlântico de escravizados foi ampla. Comerciantes britânicos trocavam produtos manufaturados, sobretudo tecidos de algodão, por escravos na África Ocidental. Esses escravos eram levados para as colônias britânicas na América e vendidos.

O Parlamento britânico proibiu o tráfico negreiro em 1807, mas os ingleses continuaram fornecendo artigos industrializados para o escambo de escravizados na África e financiando viagens de traficantes de outros países.

O envolvimento do capital britânico no tráfico de escravizados foi denunciado com frequência por sociedades antiescravistas inglesas, que cobravam medidas da Coroa e do Parlamento.

> A expansão do comércio externo para as colônias na América e as inovações agrícolas, que aumentaram a produtividade no campo, incentivaram a produção têxtil.
>
> Tecidos ingleses e outros produtos manufaturados eram trocados por escravos na África.
>
> Comerciantes britânicos vendiam escravos na América e compravam produtos coloniais, que eram revendidos na Europa.

Teste e aprimore seus conhecimentos com as atividades a seguir.

1. Associe cada pensador à frase que expressa seu pensamento.

    a) Rousseau
    b) Montesquieu
    c) Voltaire
    d) Locke

    (   ) Uma monarquia não absoluta e esclarecida permite ao homem ser livre.
    (   ) Todos os governos devem se submeter à soberania do povo.
    (   ) Todos os indivíduos nascem livres e trocam parte de sua liberdade por segurança, que deve ser garantida pelo governo.
    (   ) A separação e o equilíbrio entre os poderes permitem ao indivíduo viver em liberdade e evitar a tirania.

2. Responda às perguntas a seguir, sobre a sociedade estamental da Europa na época moderna.

    a) O que determinava a posição social e os privilégios dos indivíduos?

    _____

    _____

    b) Como os indivíduos ascendiam socialmente no Antigo Regime?

    _____

    _____

    _____

3. Preencha o quadro a seguir com características do pensamento iluminista presentes na atualidade.

Heranças do iluminismo	
Na política:	
Na economia:	
Na educação:	

4. Classifique as afirmativas a seguir em verdadeiras (V) ou falsas (F).

   a) (   ) Os iluministas defendiam o uso da razão para orientar a vida em sociedade e conhecer a realidade.
   b) (   ) Para os iluministas, Estado e religião devem atuar em conjunto para aperfeiçoar moralmente os súditos do rei.
   c) (   ) Em nossos dias, o Estado brasileiro é organizado em três poderes autônomos e complementares.
   d) (   ) Os três poderes do Estado devem, obrigatoriamente, apoiar as decisões dos demais.
   e) (   ) O Estado brasileiro é laico, e isso significa que o Estado não pode adotar uma religião oficial.

5. Leia a seguir os objetivos de uma empresa multinacional de serviços *on-line* e de *software*, e responda às perguntas.

   "Nossa missão é organizar as informações do mundo e torná-las universalmente acessíveis e úteis."

   Sobre [o Google]. Disponível em <http://mod.lk/gj1kp>. Acesso em 15 out. 2018. (tradução nossa)

   a) Relacione a frase acima aos ideais defendidos pelos iluministas.

   b) Na sua opinião, a empresa citada conseguiu cumprir o objetivo a que se propôs?

6. Os trechos a seguir fazem parte da Constituição brasileira. Leia-os atentamente e faça o que se pede.

Trecho 1

"Art. 1º [...]

Parágrafo único. Todo o poder emana do povo, que o exerce por meio de representantes eleitos ou diretamente, nos termos desta Constituição."

Trecho 2

"Art. 5º Todos são iguais perante a lei, sem distinção de qualquer natureza, garantindo-se aos brasileiros e aos estrangeiros residentes no País a inviolabilidade do direito à vida, à liberdade, à igualdade, à segurança e à propriedade [...]."

BRASIL. Constituição federal. Disponível em <http://mod.lk/wtdwb>. Acesso em 15 out. 2018.

a) Relacione um dos trechos às ideias de Jean-Jacques Rousseau.

_____

_____

_____

_____

b) Relacione um dos trechos às ideias de John Locke.

_____

_____

_____

_____

_____

7. Numere os eventos a seguir, referentes às Revoluções Inglesas do século XVII, em ordem cronológica.

a) (   ) A dinastia Stuart tentou comandar a Inglaterra de maneira absolutista, entrando em conflito com o Parlamento.

b) (   ) A dinastia Tudor promoveu a prosperidade econômica da Inglaterra, que se tornou potência comercial e marítima.

c) (   ) Carlos I assumiu o trono inglês e comportava-se como um soberano absolutista, sem consultar o Parlamento.

d) (   ) A monarquia foi restaurada na Inglaterra com a ascensão de Carlos II da dinastia Stuart.

e) (   ) A Revolução Gloriosa entregou o trono inglês a Guilherme de Orange, consolidando a hegemonia burguesa na Inglaterra.

f) (   ) Após conflitos entre a Coroa e os parlamentares, o Parlamento instaurou a República Puritana, colocando Oliver Cromwell no poder.

8. Observe as pinturas abaixo e preencha o quadro com informações sobre os monarcas ingleses dos séculos XVI a XVIII.

Elizabeth I, pintura de Marcus Gheeraerts, c. 1592.

Carlos I, pintura de Anthony van Dyck, 1636.

Oliver Cromwell, pintura de Robert Walker, c. 1649.

Pintura de James Thornhill representando o rei Guilherme de Orange e a rainha Maria II, século XVIII.

Monarcas ingleses	Dinastia	Sistema político	Símbolos de poder representados na pintura
Elizabeth I			
Carlos I			
Oliver Cromwell			
Guilherme de Orange			

9. Com base nas pinturas que você analisou na atividade anterior, responda às perguntas.

   a) Cite um personagem que participou das Revoluções Inglesas e descreva o papel que desempenhou no processo revolucionário.

   b) Elabore uma hipótese para explicar por que Oliver Cromwell e Guilherme de Orange foram representados usando armadura.

   c) Por que Oliver Cromwell não foi representado com os mesmos símbolos de poder que Elizabeth I, Carlos I, Guilherme de Orange e Maria II?

10. Leia o texto a seguir e responda à questão.

    "[...] A palavra [revolução] surgiu durante o Renascimento como referência ao movimento dos corpos celestes, ganhando um significado político apenas no século XVII, com a Revolução Inglesa. Nesse período, revolução significava retorno à ordem política anterior que tinha sido alterada por turbulências. Assim, naquele momento, a Revolução Inglesa não foi entendida como a guerra civil e a ascensão de Cromwell, mas a volta à monarquia."

    SILVA, Kalina V.; SILVA, Maciel H. *Dicionário de conceitos históricos*. São Paulo: Contexto, 2009. p. 362.

    O significado da palavra *revolução*, descrito no texto, é o mesmo em nossos dias? Justifique.

11. Leia o texto a seguir e responda às perguntas.

"[...] Em 25 de março de 1807, [...] depois de uma longa e amarga luta dentro e fora do Parlamento, foi declarado ilegal para súditos britânicos [...] comerciar com escravos depois de 1º de maio de 1808: oposição ao comércio de escravos por motivos morais ou intelectuais tinha ganho impulso durante os vinte anos anteriores e a mudança das condições econômicas, que em alguma medida diminuiu a importância das colônias das Índias Ocidentais para a economia britânica, para as quais o comércio de escravos era de importância vital, criando ao mesmo tempo novos grupos de interesse desvinculados daquelas colônias e até hostis a elas, tinham grandemente facilitado a abolição daquele tráfico. Encorajado por esse sucesso, o movimento abolicionista britânico passou a pressionar o governo britânico a ir mais longe na expiação da culpa da própria Grã-Bretanha e usar todos os meios ao seu dispor para persuadir outras nações [...] a seguir seu exemplo."

BETHELL, Leslie. *A abolição do comércio brasileiro de escravos*. Senado Federal: Brasília, 2002. p. 13-14. Disponível em <http://mod.lk/xrl5n>. Acesso em 1º set. 2018.

a) De acordo com o texto, que fatores contribuíram para o fim do tráfico de escravizados na Inglaterra?

b) A participação inglesa no tráfico atlântico terminou com a proibição de 1807? Explique.

12. Analise o esquema a seguir e associe corretamente as rotas comerciais às mercadorias comercializadas.

a) (　) Rum e produtos manufaturados (tecidos, ferramentas).
b) (　) Produtos coloniais (peles, peixes secos, arroz, tabaco).
c) (　) Escravizados, ouro.
d) (　) Produtos manufaturados (tecidos, ferramentas).
e) (　) Escravizados, melaço, açúcar.

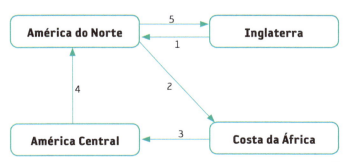

UNIDADE 2 A REVOLUÇÃO INDUSTRIAL NA INGLATERRA

RECAPITULANDO

DO ARTESANATO À MANUFATURA MODERNA

A **indústria moderna**, que produz muitos dos utensílios de que nos servimos cotidianamente, surgiu no século XVIII na Inglaterra com a invenção de máquinas e métodos de produção em série. A partir da **Revolução Industrial**, como esse processo é conhecido, grandes quantidades de produtos similares em forma e qualidade passaram a ser fabricados.

O pioneirismo inglês na industrialização deveu-se às transformações econômicas, sociais e políticas que possibilitaram a acumulação de capitais.

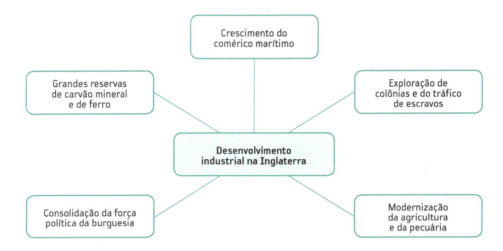

Até a Revolução Industrial, a principal maneira de produzir utensílios era o **artesanato**. Os artesãos eram proprietários das ferramentas e do local de trabalho, e conheciam e participavam de todas as fases de produção das mercadorias, desde a compra da matéria-prima até a venda do produto. Como eram autônomos, determinavam o tempo e o ritmo do trabalho.

A produtividade do sistema artesanal era baixa; por isso, atendia somente às necessidades do mercado local. Na maior parte das vezes, as mercadorias eram feitas por apenas um artesão; em outras, ele contava com o auxílio de aprendizes.

O crescimento do comércio inglês nos séculos XV e XVI incentivou o aumento da produção. Empresários se associaram aos artesãos no **sistema doméstico**, no qual o produtor recebia a matéria-prima e comprometia-se a entregar a mercadoria pronta em determinado prazo. Nesse sistema, o artesão perdeu o contato direto com o mercado.

O período entre os séculos XV e XVII foi marcado pela expansão das **manufaturas** na Europa. Nesse sistema, dezenas ou até mesmo centenas de pessoas trabalhavam diariamente no mesmo local, sendo vigiadas por funcionários mantidos pelo patrão.

Os trabalhadores da manufatura não eram donos das ferramentas que usavam e não controlavam o ritmo da produção. Gradualmente, perderam o conhecimento sobre a totalidade do processo produtivo. As tarefas eram divididas e cada pessoa executava apenas uma etapa da produção, recebendo um salário fixo como pagamento pelo trabalho.

A REVOLUÇÃO INDUSTRIAL

Com o desenvolvimento da Revolução Industrial, na segunda metade do século XVIII, a **maquinofatura** substituiu a manufatura. As novas máquinas eram velozes, operadas por poucos trabalhadores, e produziam muito mais que vários artesãos.

O **setor têxtil** foi pioneiro nesse processo. Na produção de tecidos, havia intenso intercâmbio de conhecimentos entre Oriente e o Ocidente, uma vez que a Inglaterra dominava o comércio mundial de tecidos manufaturados de algodão.

Antes de surgirem as fábricas, os tecidos eram comprados principalmente na Índia, onde a Inglaterra exercia forte influência econômica, política e militar, e vendidos na América, onde eram utilizados para produzir roupas para os escravizados das colônias europeias.

Pode-se dizer que a Inglaterra deu o grande salto industrial em razão da experiência no setor têxtil, da disponibilidade de matérias-primas, capitais e mão de obra barata vinda do campo, do vasto mercado e das leis que estimulavam a livre-iniciativa. Com a criação do **sistema fabril**, a produção se multiplicou e os custos de produção foram reduzidos.

As primeiras máquinas têxteis eram feitas de madeira e movidas pelo trabalho do artesão. Em seguida, foram inventadas as máquinas movidas a energia hidráulica. Em razão disso, muitas indústrias foram instaladas às margens dos rios.

O grande salto tecnológico ocorreu com o aperfeiçoamento da **máquina a vapor** pelo escocês James Watt, em 1769. Utilizada para bombear a água das minas de carvão, essa máquina barateou a extração do mineral e permitiu o desenvolvimento da metalurgia do ferro, que substituiu a madeira na fabricação de máquinas, pontes, navios e ferrovias. Contínuas inovações na máquina a vapor promoveram a mecanização da produção, aumentando a produtividade das fábricas.

OS TRABALHADORES NA SOCIEDADE INDUSTRIAL

As principais características do regime de trabalho nas manufaturas acentuaram-se nas fábricas: a concentração de trabalhadores no mesmo espaço, a divisão de tarefas, o fim da autonomia do artesão e o controle do trabalho pelo patrão. O trabalhador passou a operar máquinas, deixando de dominar as etapas do processo produtivo.

Nas cidades industriais, o ritmo da vida e do trabalho deixou de ser determinado pela natureza e pelo corpo, passando a ser ditado pelas máquinas. O relógio e o **controle do tempo** tornaram-se importantes, impondo a disciplina fabril aos trabalhadores. A valorização do **"tempo útil"** tornou-se a base de uma nova moral. Quem se desviasse dela, o desocupado, seria perseguido.

Nas fábricas, a jornada diária dos operários era, em geral, de quinze horas. Eles recebiam salários baixíssimos, os acidentes de trabalho eram frequentes e as condições insalubres eram prejudiciais à saúde.

As mulheres recebiam salários mais baixos que os dos homens para executar as mesmas tarefas. Crianças a partir dos 7 anos de idade, por ter baixa estatura, eram contratadas para trabalhar nas fábricas e minas.

A maioria dos operários vivia perto das fábricas, em casas alugadas que pertenciam aos empregadores. Cada habitação abrigava grande número de pessoas e o fornecimento de água ocorria por meio de bicas, poços e fontes públicas. Por causa das péssimas condições sanitárias, ocorreram epidemias de cólera e de tuberculose.

Com a industrialização, formou-se a divisão da sociedade em duas classes: a **burguesia**, constituída pelos proprietários das fábricas, das máquinas, dos bancos e do comércio, e o **proletariado**, composto de trabalhadores que vendiam sua força de trabalho e viviam de salário.

Nos séculos XVIII e XIX, diante dos baixíssimos salários, das longas jornadas e da ausência de direitos, o operariado inglês organizou-se buscando melhorar suas condições de vida e trabalho.

Uma das primeiras formas de organização foi a dos **quebradores de máquinas**, que foram reprimidos com violência. Pouco tempo depois, os operários fundaram **sindicatos** para reivindicar melhores condições de trabalho, aumento de salário e redução da jornada. Essas organizações foram proibidas na Inglaterra em 1799 e só legalizadas em 1824.

Os operários também se manifestaram politicamente por meio da **Carta do Povo**, uma petição elaborada em 1838 por uma associação de trabalhadores e endereçada ao Parlamento inglês, com mais de 1 milhão de assinaturas. Na carta, reivindicavam-se o voto secreto, o sufrágio universal masculino e o direito dos operários a candidatar-se ao Parlamento.

A recusa em receber a carta desencadeou uma onda de greves, manifestações, prisões e até mortes. Em 1840, outra petição bem mais radical recebeu cerca de 3,3 milhões de assinaturas e também foi recusada. Porém, com o tempo, as lutas operárias surtiram efeito e foram decretadas leis que melhoraram as condições de trabalho na Inglaterra.

DESDOBRAMENTOS CULTURAIS, ECONÔMICOS E AMBIENTAIS DA INDUSTRIALIZAÇÃO

Com o avanço da industrialização, aumentou a circulação de pessoas nas cidades. No final do século XVIII, havia em Londres mais de 1 milhão de habitantes, e as relações entre os residentes ficaram cada vez mais impessoais, fenômeno conhecido como **multidão**. Com o aumento da criminalidade, os governos tornaram as leis mais rigorosas e criaram aparatos policiais.

A atividade industrial em larga escala acarretou diversos impactos ambientais, como o desmatamento e a poluição das águas e do ar, alterando o hábitat de muitas espécies. Nas cidades, lixo e dejetos humanos se acumulavam.

Outra consequência da industrialização foi a supremacia britânica no comércio mundial. Países da África, da Ásia e da América Latina cederam às pressões diplomáticas e abriram seus mercados aos produtos britânicos.

As ferrovias também impulsionaram o crescimento industrial inglês, uma vez que dinamizavam o fluxo de matérias-primas e de mercadorias. Ao vencer distâncias, elas integravam povos e culturas e exibiam o poder e a velocidade dos tempos industriais.

Teste e aprimore seus conhecimentos com as atividades a seguir.

1. É correto afirmar que, no sistema de produção fabril, os trabalhadores utilizam ferramentas que não pertencem a eles e que as tarefas são divididas? Justifique.

2. **Classifique as afirmativas a seguir em verdadeiras (V) ou falsas (F).**

   a) (   ) A indústria moderna produz a maior parte dos utensílios que usamos em nosso cotidiano.

   b) (   ) O artesanato pode ser considerado uma atividade industrial porque emprega alta tecnologia para a transformação das matérias-primas.

   c) (   ) A palavra *indústria* também é utilizada para se referir ao local em que se produzem mercadorias.

   d) (   ) A indústria moderna iniciou-se no século XX e caracteriza-se pelo domínio de todas as etapas do trabalho por um operário.

3. **Elabore uma pergunta para a resposta a seguir.**

   A experiência no setor têxtil, a disponibilidade de matérias-primas e capitais, a mão de obra barata, o amplo mercado e leis estimuladoras da livre-iniciativa possibilitaram à Inglaterra dar um grande salto na produção de tecidos. Assim, a indústria moderna teve início.

4. **Responda às perguntas a seguir sobre a Revolução Industrial do século XVIII.**

   a) Que sistema de produção substituiu a manufatura?

   b) Por que o aperfeiçoamento da máquina a vapor por James Watt, em 1769, é considerado um marco da Revolução Industrial?

5. **Leia o texto a seguir e faça o que se pede.**

   "A partir da substituição do artesão pelo operário de fábrica, o trabalho se reduz a atos mecânicos e repetitivos sem que seja necessário para o desenvolvimento das atividades previstas o aprendizado acumulado durante a vida. O tempo se desvincula de experiências de vida, torna-se autônomo, regulado, impessoal e passa a exercer controle sobre os passos de cada um."

   SANTOS, Myrian Sepúlveda dos. *Memória coletiva e teoria social.*
   Coimbra: Imprensa da Universidade de Coimbra; São Paulo: Annablume, 2012. p. 23.

   a) Com base no texto e em seus conhecimentos sobre o tema, caracterize a relação entre o trabalhador e a produção antes e depois da implantação do sistema fabril.

b) Copie o trecho em que é descrita a relação entre o trabalhador e o tempo nas sociedades industrializadas.

_____
_____
_____

6. Complete as lacunas do texto utilizando os termos do quadro.

> trabalho   fábricas   crianças
> mecanização   famílias

Com a _____ da produção, mulheres e crianças passaram a trabalhar nas _____, o que desorganizou o convívio doméstico das _____ e prejudicou o desenvolvimento das _____ ao inseri-las forçadamente no mundo do _____.

7. Sublinhe as expressões entre parênteses que completam adequadamente o texto.

Antes da (Revolução Industrial/abolição da escravatura), na Inglaterra, a produção de mercadorias era feita predominantemente com o trabalho de (escravos/artesãos), que detinham o conhecimento da atividade, o controle do tempo e o ritmo de trabalho. Com o emprego de máquinas e o aumento da (concentração/divisão) do trabalho em diferentes etapas, as mercadorias passaram a ser fabricadas em (grandes/pequenas) quantidades e em (maior/menor) tempo. Consequentemente, os preços dos produtos ficaram mais (altos/baixos). Os salários pagos eram (altos/baixos), o que levava os operários a se submeter a condições de vida bastante (precárias/saudáveis). O ludismo, o cartismo, as greves e a formação de (escolas/sindicatos) foram exemplos da mobilização dos trabalhadores contra a exploração.

8. O sistema fabril deu origem a uma nova divisão social organizada em duas classes distintas.

a) Que classes foram essas e quais eram suas principais características?

_____
_____
_____
_____

b) Essa divisão está presente em nossa sociedade? Explique sua resposta.

_____
_____
_____
_____

9. Observe a imagem a seguir e faça o que se pede.

Vista do sudeste de Sheffield de Park Hill, pintura de William Ibbitt, 1855.

a) Identifique na pintura elementos da paisagem de Sheffield que surgiram com a Revolução Industrial.

___

b) Que fenômeno relacionado à industrialização pode ser identificado na pintura?

___

10. Leia o texto a seguir e faça o que se pede.

"Com espanto [...] descobri eu, na primeira tarde em que descemos aos *boulevards*, que o denso formigueiro humano sobre o asfalto, e a torrente sombria dos trens sobre o macadame, afligiam meu amigo pela brutalidade da sua pressa, do seu egoísmo, e do seu estridor.

[...]

Nessa mesma tarde, se bem recordo, sob uma luz macia e fina, penetramos nos centros de Paris, nas ruas longas, nas milhas de casario [...] eriçado de chaminés de lata negra, com as janelas sempre fechadas, as cortininhas sempre corridas, abafando, escondendo a vida. Só tijolo, só ferro, só argamassa, só estuque; [...] tudo seco; tudo rígido. E dos chãos aos telhados, por toda a fachada, tapando as varandas, comendo os muros, tabuletas, tabuletas..."

QUEIROZ, Eça de. *A cidade e as serras*. Disponível em <http://mod.lk/fsw6g>. Acesso em 30 out. 2018.

Macadame: tipo de pavimento das ruas.
Eriçado: erguido.

a) Sublinhe no texto o trecho que melhor expressa a ideia de multidão.

b) Elabore uma hipótese para explicar o seguinte trecho do texto: "[...] o denso formigueiro humano sobre o asfalto, e a torrente sombria dos trens sobre o macadame, afligiam meu amigo pela brutalidade da sua pressa, do seu egoísmo [...]".

c) É possível identificar no texto alguns aspectos das condições de vida dos operários franceses no século XIX? Justifique.

11. Leia a tirinha a seguir.

Tirinha da série Frank e Ernest, do cartunista estadunidense Bob Thaves, 2006.

a) De acordo com a tirinha, que impacto ambiental a industrialização provocou?

b) Cite outros impactos ambientais causados pela industrialização.

c) Você concorda com a afirmação de que a poluição industrial é o preço do progresso?

UNIDADE 3 A REVOLUÇÃO FRANCESA E SEUS IMPACTOS NA EUROPA E NA AMÉRICA

RECAPITULANDO

A FRANÇA DO ANTIGO REGIME

A sociedade francesa do final do século XVIII era bastante desigual. A população estava dividida em três ordens: o **primeiro estado**, formado pelo clero, o **segundo estado**, pela nobreza, e o **terceiro estado**, pelo restante da população, ou seja, a burguesia e os trabalhadores urbanos e rurais.

Apenas 3% da população fazia parte do primeiro e do segundo estados, parcela que pagava poucos impostos e ocupava os principais cargos da administração pública. Já a maioria da população, formada pelas camadas populares, vivia em condições quase miseráveis.

Em meados do século XVIII, uma sequência de safras agrícolas ruins ocasionou uma alta geral nos preços, o que agravou a fome e a queda na arrecadação dos impostos. Para reagir à crise, o rei Luís XVI convocou, em maio de 1789, os **Estados Gerais**, assembleia formada por representantes dos três estados.

Na assembleia, cada estado tinha direito a um voto. No entanto, o terceiro estado, mais numeroso, não aceitou esse sistema de votação, já que o clero e a nobreza sempre votavam juntos. Assim, o terceiro estado, representado por membros da burguesia, retirou-se da reunião, proclamando-se em Assembleia Nacional e defendendo a elaboração de uma Constituição para o país. Com medo da reação popular, Luís XVI ordenou que a nobreza e o clero se reunissem à Assembleia Nacional, que se transformou em **Assembleia Nacional Constituinte**.

DEZ ANOS DE REVOLUÇÃO: DA QUEDA DA BASTILHA AO 18 BRUMÁRIO

Enquanto ocorriam os debates na Assembleia Constituinte, setores pobres passaram a protestar de forma mais constante e violenta. Em julho de 1789, ocorreram em Paris diversas manifestações e revoltas. No dia 14, houve a **tomada da Bastilha**, prisão considerada o principal símbolo do absolutismo francês, iniciando a revolução, sem uma liderança definida.

Em agosto do mesmo ano, a Assembleia Nacional Constituinte aprovou a **Declaração dos Direitos do Homem e do Cidadão**, que estabeleceu a igualdade de todos os homens perante a lei.

Em 1791, os deputados aprovaram uma Constituição para a França, estabelecendo medidas como a divisão do Estado em três poderes independentes (Executivo, Legislativo e Judiciário), o voto censitário masculino, a manutenção da escravidão nas colônias e o fim dos encargos feudais.

No início de 1792, a França entrou em guerra com a Áustria e a Prússia, que temiam que a revolução se espalhasse pelo continente. A guerra foi incentivada pelo rei e pelos contrarrevolucionários, que acreditavam que o Antigo Regime pudesse ser restaurado.

Em agosto, o rei foi acusado de traição e preso com sua família. Novas eleições foram realizadas e quatro grupos formaram outra assembleia: a **Convenção Nacional**.

Convenção Nacional

Jacobinos	Girondinos	Planície ou pântano	*Cordeliers*
Pequena burguesia e classe média.	Republicanos moderados.	Opositores do setor mais radical.	Republicanos defensores de mudanças profundas.

Por pressão dos jacobinos e da população parisiense, Luís XVI foi julgado e executado em janeiro de 1793. Nesse cenário, a república foi proclamada.

Na Convenção Nacional, a influência jacobina cresceu, e lideranças girondinas foram presas. Líderes jacobinos, entre eles Robespierre, prenderam e executaram milhares de opositores no período da revolução que ficou conhecido como **Terror**. Por outro lado, os jacobinos aprovaram o sufrágio universal masculino, a distribuição de terras da nobreza entre os camponeses e o ensino público obrigatório e laico para toda a população.

Assustada com a radicalização do processo revolucionário, a burguesia articulou um golpe de Estado. Em julho de 1794, os girondinos expulsaram os jacobinos da Convenção, reassumindo o poder. O governo dos girondinos perseguiu, prendeu e executou opositores, incluindo os principais líderes jacobinos, como Robespierre.

O **Diretório** foi eleito em 1795, e outra Constituição foi elaborada. No entanto, o governo não trouxe a estabilidade desejada pela burguesia. A moeda francesa estava desvalorizada, os cofres públicos esvaziados e a inflação descontrolada. Nesse quadro, revoltas populares, de antigos monarquistas e de partidários dos jacobinos, tornaram-se frequentes.

Diante dessa situação, a grande burguesia apoiou um golpe para que o general **Napoleão Bonaparte** assumisse o poder e, em 10 de novembro de 1799, o 18 de Brumário no calendário da revolução, iniciou-se o **Consulado**.

A FRANÇA TRANSFORMADA PELA REVOLUÇÃO

A Revolução Francesa também alterou os costumes. Os jornais difundiram novas palavras, como *cidadão* e *contribuições*, que passaram a fazer parte do cotidiano das pessoas.

Durante a revolução, as mulheres participaram de sublevações, protestos e reuniões da Assembleia Nacional, reivindicaram direitos civis e cidadania política e criaram associações femininas. A legislação elaborada durante a revolução lhes garantiu alguns direitos, como o de pedir o divórcio, mas negou sua inclusão na vida pública.

As artes também acompanharam o processo revolucionário, passando por várias transformações. A principal delas foi a incorporação do povo nas representações artísticas.

O estabelecimento do metro e do quilograma como unidades de medida que fazem parte do Sistema Internacional de Unidades (SI) e são utilizadas até hoje ocorreu no contexto da revolução.

A ERA NAPOLEÔNICA E A INDEPENDÊNCIA DO HAITI

Com o golpe do **18 Brumário**, o governo de Napoleão Bonaparte teve início, e o princípio iluminista de limitação dos poderes do governante foi abandonado.

Para assegurar seu poder, Napoleão convocou um plebiscito em 1802, tornando-se cônsul vitalício. Em votação, ocorrida em 1804, foi aclamado **imperador**. No mesmo ano foi criado o **Código Civil Napoleônico** para organizar e unificar as leis na França, regulamentar o direito à propriedade, garantir a igualdade dos franceses perante a lei e confirmar o confisco de terras da nobreza.

A reestruturação e a recuperação da França preocupavam alguns países europeus e, em 1803, Inglaterra, Áustria, Prússia e Rússia uniram-se e declararam guerra à França, temendo seu expansionismo territorial e a difusão dos ideais iluministas. Napoleão derrotou a Prússia, ampliou seu domínio sobre a Península Itálica e isolou a Áustria.

No entanto, sua maior dificuldade era atingir a Inglaterra, isolada pelo mar e protegida pela frota marítima mais poderosa do mundo. Para tentar arruinar a economia inglesa, Napoleão decretou, em 1806, o **Bloqueio Continental**, proibindo os países europeus de comercializar com a Inglaterra.

Vários países dependentes do comércio com os ingleses, como a Rússia, rejeitaram o Bloqueio Continental. Em 1812, as tropas napoleônicas invadiram o território russo. Com a chegada do inverno, a falta de suprimentos e o frio causaram muitas baixas no exército francês. Em setembro de 1812, as tropas chegaram a Moscou, mas, bastante debilitadas, foram derrotadas pelo exército russo. Deposto, Napoleão exilou-se na Ilha de Elba. O governo da França foi assumido por Luís XVIII, irmão de Luís XVI, o que foi considerado pela maioria dos franceses um retrocesso.

AS CONQUISTAS NAPOLEÔNICAS

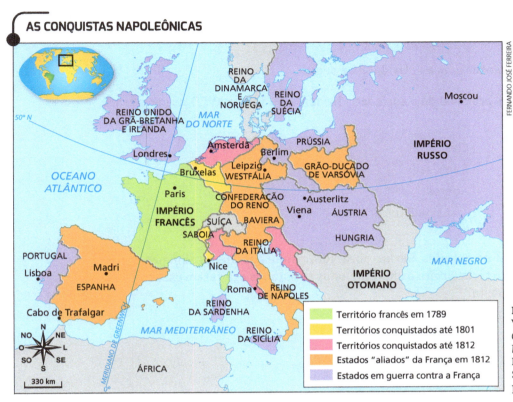

Fonte: VICENTINO, Cláudio. Atlas histórico: geral e Brasil. São Paulo: Scipione, 2011. p. 124.

Em 1815, Napoleão fugiu do exílio e retornou a Paris. Aclamado pela população e pelas tropas, retomou o poder. No entanto, seu novo governo durou apenas cem dias. Em junho do mesmo ano, Rússia, Áustria, Prússia e Inglaterra derrotaram Napoleão na **Batalha de Waterloo**, enviando-o para a Ilha de Santa Helena, onde permaneceu até a morte, em 1821.

Alguns Estados europeus, liderados por Áustria, Prússia, Inglaterra e Rússia, reuniram-se no **Congresso de Viena** entre setembro de 1814 e junho de 1815, com o objetivo de fazer a Europa voltar às configurações anteriores à Revolução Francesa.

No congresso, Áustria, Prússia e Rússia firmaram a **Santa Aliança**, pacto militar que lhes assegurava o direito de intervir em países tomados por revoluções liberais, reafirmando os valores do Antigo Regime na Europa.

Durante o processo revolucionário na França, uma rebelião escrava tomou forma na colônia de **São Domingos**, na América. Em 1791, a Assembleia Constituinte da França aprovou a igualdade de direitos para a população de São Domingos, mas manteve a escravidão. No mesmo ano, africanos escravizados iniciaram uma rebelião. Eles abandonaram plantações, atearam fogo em canaviais, destruíram engenhos e executaram proprietários brancos.

Os jacobinos, então no governo, aboliram a escravidão nas colônias francesas, e o clima revolucionário ganhou força em São Domingos. O ex-escravo **François-Dominique Toussaint L'Ouverture** assumiu a liderança das revoltas e organizou um exército de combatentes.

Em 1801, Napoleão decidiu intervir na ilha para restabelecer a escravidão, enviando 25 mil soldados. Toussaint foi capturado e levado à França, onde morreu na prisão em 1803. No entanto, a resistência em São Domingos prosseguiu.

Os combates passaram a ser liderados pelo ex-escravo **Jean-Jacques Dessalines**, e os franceses foram expulsos de São Domingos. Em dezembro de 1803, a colônia proclamou sua independência e passou a ser chamada de **Haiti**.

O país manteve-se economicamente dependente e, no plano internacional, sofreu isolamento político, uma vez que, para as elites coloniais latino-americanas, a luta que resultou na independência haitiana era vista como uma ameaça, pois poderia servir de exemplo a novas rebeliões escravas.

Teste e aprimore seus conhecimentos com as atividades a seguir.

1. Relacione as ordens nas quais era dividida a sociedade francesa no século XVIII às camadas sociais que as compunham.

    a) Primeiro estado.   ( ) Clérigos.
    b) Segundo estado.   ( ) Burgueses.
    c) Terceiro estado.   ( ) Nobres.
    ( ) Trabalhadores urbanos e rurais.

2. Em 1789, Luís XVI convocou os Estados Gerais para votar soluções aos problemas que atingiam a França. Cada estado teria direito a um voto. Todos os estados aceitaram essa forma de votação? Explique sua resposta.

3. A imagem a seguir representa o maior símbolo do absolutismo francês e um dos principais eventos do processo revolucionário na França no século XVIII. Observe-a para responder às perguntas.

A tomada da Bastilha, pintura de Jean-Pierre Louis Laurent Houël, 1789.

a) Qual é o evento representado na pintura? Descreva-o brevemente.

b) O que esse evento representou para a história na França do século XVIII?

c) A pintura foi feita no mesmo ano em que ocorreu o evento representado. Em sua opinião, pode-se dizer que se trata de uma representação fiel à realidade? Explique sua resposta.

4. No período da Revolução Francesa conhecido como Terror, foram promovidas ações repressoras, mas também medidas democráticas. Sobre o tema, responda às perguntas a seguir.

a) Que grupo liderou a fase do Terror?

b) Que medidas radicais foram promovidas por esse grupo?

c) Que medidas promovidas nessa fase podem ser consideradas democráticas? Mencione uma delas.

5. Leia o texto a seguir, do historiador Eric Hobsbawm, e faça o que se pede.

"O terceiro estado obteve sucesso, contra a resistência unificada do rei e das ordens privilegiadas, porque representava não apenas as opiniões de uma minoria militante e instruída, mas também as de forças bem mais poderosas: os trabalhadores pobres das cidades, e especialmente de Paris, e em suma, também, o campesinato revolucionário. O que transformou uma limitada agitação reformista em uma revolução foi o fato de que a conclamação dos Estados Gerais coincidiu com uma profunda crise socioeconômica."

HOBSBAWM, Eric J. *A era das revoluções*: 1789-1848. São Paulo: Paz e Terra, 2009. p. 93.

Campesinato: conjunto de camponeses articulados como uma camada social.
Reformista: a favor de reformas políticas, religiosas, sociais e econômicas.
Conclamar: convocar.

a) Segundo o texto, por que o terceiro estado obteve sucesso no processo revolucionário francês?

b) Cite um dos efeitos da crise que atingiu a França a partir de meados do século XVIII, mencionada pelo autor do texto.

6. Leia um trecho da Declaração dos Direitos do Homem e do Cidadão e responda às questões.

"Os representantes do povo francês, reunidos em Assembleia Nacional, tendo em vista que a ignorância, o esquecimento ou o desprezo dos direitos do homem são as únicas causas dos males públicos e da corrupção dos governos, resolveram declarar solenemente os direitos naturais, inalienáveis e sagrados do homem, a fim de que esta declaração, sempre presente em todos os membros do corpo social, lhes lembre permanentemente seus direitos e seus deveres; a fim de que os atos do Poder Legislativo e do Poder Executivo, podendo ser a qualquer momento comparados com a finalidade de toda a instituição política, sejam por isso mais respeitados; a fim de que as reivindicações dos cidadãos, doravante fundadas em princípios simples e incontestáveis, se dirijam sempre à conservação da Constituição e à felicidade geral.

Em razão disto, a Assembleia Nacional reconhece e declara, na presença e sob a égide do Ser Supremo, os seguintes direitos do homem e do cidadão:

Art. 1º. Os homens nascem e são livres e iguais em direitos. As distinções sociais só podem fundamentar-se na utilidade comum.

Art. 2º. A finalidade de toda associação política é a conservação dos direitos naturais e imprescritíveis do homem. Esses direitos são a liberdade, a propriedade, a segurança e a resistência à opressão.

[...]

Art. 4º. A liberdade consiste em poder fazer tudo que não prejudique o próximo. Assim, o exercício dos direitos naturais de cada homem não tem por limites senão aqueles que asseguram aos outros membros da sociedade o gozo dos mesmos direitos. Estes limites apenas podem ser determinados pela lei."

Declaração dos Direitos do Homem e do Cidadão, 26 de agosto de 1789.
Biblioteca virtual de direitos humanos. Disponível em <http://mod.lk/ev4vo>.
Acesso em 30 out. 2018.

a) Segundo o texto, quais eram as causas dos males públicos e da corrupção dos governos?

b) Qual era a função da Declaração dos Direitos do Homem e do Cidadão, segundo o documento?

c) Qual é, segundo o documento, a condição comum a todos os homens?

d) De que forma a Declaração definia o conceito de liberdade? Você concorda com essa ideia? Justifique.

7. Analise as imagens e explique de que maneira o contexto da primeira imagem se relaciona com o evento retratado na segunda.

Vanguarda das mulheres a caminho de Versalhes, ilustração francesa de 1789.

Mulheres protestando contra o racismo em Paris, França, 2015.

8. Sobre a era napoleônica na França, faça o que se pede.

   a) Elabore uma breve descrição dos eventos e medidas a seguir.

   18 Brumário: _____

   Código Civil Napoleônico: _____

   Plebiscito de 1802: _____

   Votação de 1804: _____

   b) Mencione duas importantes características do governo de Napoleão Bonaparte.

   _____
   _____

9. Identifique com B as afirmativas relacionadas ao Bloqueio Continental e com C as que dizem respeito ao Congresso de Viena.

   a) (   ) Realizado em 1814, reunia Áustria, Prússia, Inglaterra e Rússia com o objetivo de restaurar na Europa a configuração política anterior a 1789 e às Guerras Napoleônicas.

   b) (   ) Para enfraquecer a economia da Inglaterra, proibia os países europeus de comercializar com os ingleses sob ameaça de ser invadidos pelas tropas de Napoleão.

   c) (   ) Foi firmada a Santa Aliança, pacto militar que assegurava às nações participantes o direito de debelar movimentos revolucionários na Europa.

10. Leia o texto a seguir e responda às perguntas.

    "Os ideais jacobinos da Revolução Francesa (liberdade, igualdade e fraternidade) foram defendidos com tanta garra pelos negros escravizados da ilha [de São Domingos] que, posteriormente, eles seriam conhecidos como os jacobinos negros ou de ébano, em referência ao grupo político que durante certo tempo conduziu o processo que resultou no fim do Antigo Regime na França. E por meio dessa primeira e única revolução negra e anticolonial surgiu o Haiti."

    FONSECA, Jamily Marciano. O vodu no bicentenário da independência haitiana.
    Revista Ameríndia, v. 10, nov. 2011. p. 56. Disponível em <http://mod.lk/8pw1u>.
    Acesso em 30 out. 2018.

    a) De que evento histórico do século XVIII o texto trata?

    _____
    _____

    b) Segundo o texto, em que ideais os escravizados de São Domingos se inspiraram para se rebelar?

    _____
    _____

    c) Como a autora do texto caracteriza o evento mencionado?

    _____
    _____

UNIDADE 4 A INDEPENDÊNCIA DOS ESTADOS UNIDOS E DAS COLÔNIAS ESPANHOLAS

RECAPITULANDO

AS IDEIAS ILUMINISTAS CRUZAM O ATLÂNTICO

Entre o final do século XVIII e meados do século XIX, o pensamento iluminista inspirou a luta contra a dominação colonial mercantilista em várias regiões da América.

Na América do Norte, a difusão dos ideais iluministas ocorreu de maneira concomitante ao desenvolvimento das **treze colônias**. Os ingleses ocuparam a costa americana nas primeiras décadas do século XVII. Muitos deles eram **puritanos** (protestantes calvinistas) que fugiam das perseguições políticas e religiosas na Inglaterra. No rastro deles, chegaram presbiterianos, anglicanos e luteranos.

O princípio protestante de que todo fiel deveria ser capaz de ler e interpretar a *Bíblia* impulsionou fortemente a educação formal nas treze colônias. Posteriormente, os colonos protestantes fundaram universidades que acabaram se tornando centros de divulgação dos ideais iluministas.

Outro centro de difusão de ideias liberais foi a Pensilvânia, fundada pela Sociedade dos Amigos, grupo religioso cujos integrantes eram conhecidos como *quakers*. Eles defendiam o pacifismo, a igualdade de todos perante Deus e a liberdade política e religiosa. Além disso, não admitiam a hierarquia clerical e a escravidão.

Na América espanhola, a Coroa e a Igreja Católica perseguiam os defensores das ideias iluministas, que eram difundidas principalmente nas universidades.

AS TREZE COLÔNIAS ROMPEM COM A METRÓPOLE

As treze colônias se dividiam em colônias do norte, do centro e do sul. Nas do norte e do centro, conhecidas como **Nova Inglaterra**, desenvolveram-se a agricultura familiar e a indústria naval, além do comércio de pele e madeira. Os colonos também participavam do tráfico transatlântico de escravizados.

No sul, os colonos dedicavam-se ao cultivo de produtos agrícolas destinados ao mercado europeu, sobretudo tabaco e algodão, em grandes propriedades agrícolas nas quais predominava o trabalho escravo, praticando a **economia de *plantation***.

Em comum, as treze colônias apresentavam o predomínio do protestantismo, a ausência de um comando político central entre elas e uma relativa autonomia em relação à Inglaterra.

As transformações sociais e econômicas na metrópole, relacionadas às Revoluções Inglesas e à Revolução Industrial, tornaram difícil conciliar os interesses da metrópole aos da elite colonial, que enriquecia com o comércio atlântico.

A relação entre metrópole e colônias se deteriorou em razão da **Guerra dos Sete Anos** (1756-1763) entre França e Inglaterra. Para compensar os gastos com a guerra e sustentar seu exército na América, o governo britânico instituiu a cobrança de impostos e tarifas por meio da **Lei do Açúcar**, de 1764, da **Lei do Selo**, de 1765, e da **Lei do Chá**, de 1773. O Parlamento também passou a exigir autorização prévia para a circulação de mercadorias dentro das colônias.

Indignados com a Lei do Chá, alguns colonos disfarçados de indígenas lançaram ao mar o carregamento de chá de três navios da Companhia das Índias Orientais, que havia obtido o monopólio do comércio desse produto. O episódio ficou conhecido como **Festa do Chá de Boston** (1773).

Para punir os colonos, o Parlamento britânico aprovou as **Leis Intoleráveis** em 1774, fechando o porto de Boston ao comércio e ocupando a colônia com tropas reais. Neste mesmo ano, líderes das colônias reuniram-se no **Primeiro Congresso Continental da Filadélfia**, que determinou o boicote aos produtos ingleses. Ainda não havia consenso entre as treze colônias sobre a independência.

No **Segundo Congresso Continental da Filadélfia**, que teve início em 1775, o voto pela separação da Inglaterra venceu e uma comissão foi formada para redigir a **Declaração de Independência**. Inspirado em princípios iluministas, o documento foi aprovado em 4 de julho de 1776, data adotada para celebrar a independência dos Estados Unidos. À declaração seguiu-se uma guerra contra os ingleses que se estendeu até 1783, ano em que a Coroa britânica reconheceu a independência dos **Estados Unidos da América**.

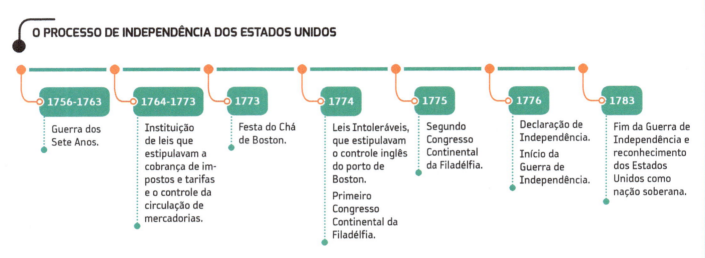

O PROCESSO DE INDEPENDÊNCIA DOS ESTADOS UNIDOS

- **1756-1763**: Guerra dos Sete Anos.
- **1764-1773**: Instituição de leis que estipulavam a cobrança de impostos e tarifas e o controle da circulação de mercadorias.
- **1773**: Festa do Chá de Boston.
- **1774**: Leis Intoleráveis, que estipulavam o controle inglês do porto de Boston. Primeiro Congresso Continental da Filadélfia.
- **1775**: Segundo Congresso Continental da Filadélfia.
- **1776**: Declaração de Independência. Início da Guerra de Independência.
- **1783**: Fim da Guerra de Independência e reconhecimento dos Estados Unidos como nação soberana.

Os acontecimentos desta linha do tempo não foram representados em escala temporal.

AS INDEPENDÊNCIAS NA AMÉRICA ESPANHOLA

Quando o exército de Napoleão Bonaparte ocupou a Espanha, em 1808, o rei Fernando VII foi forçado a abdicar do trono. As elites coloniais formaram as **juntas governativas** para administrar os vice-reinos e as capitanias gerais em nome do monarca deposto.

Percebendo a fragilidade da metrópole, parte da elite e das camadas populares começou a se mobilizar pela independência. No México, os movimentos populares liderados por Miguel Hidalgo, em 1810, e por José Maria Morelos, em 1811, defendiam a independência, a divisão das grandes propriedades rurais entre os camponeses, o fim da escravidão, o fim da cobrança de tributos dos indígenas e das dívidas dos mestiços e o fim das diferenças entre grupos sociais (as castas). As duas tentativas acabaram com a execução de seus líderes.

Na década de 1820, as lutas pela independência no México tomaram novos rumos. Chefiados pelo militar **Agustín de Itúrbide**, *chapetones* (colonos espanhóis) e *criollos* (descendentes de espanhóis) negociaram com a Espanha a independência.

Em julho de 1816, as **Províncias Unidas do Rio da Prata**, atual Argentina, declararam-se independentes da Espanha. **José de San Martín**, um dos líderes das tropas rio-platenses, logo avançou em direção ao Peru e ao Chile com o objetivo de liberar esses territórios do domínio metropolitano.

Ao norte da América do Sul, o político e militar venezuelano **Simón Bolívar** declarou, em 1819, a independência da Grã-Colômbia (formada, principalmente, pelos atuais territórios do Equador, da Colômbia, do Panamá e da Venezuela). Em 1821, o Alto Peru (atual Bolívia) também foi libertado.

A emancipação das colônias de Cuba e de Porto Rico foi tardia. A independência de Cuba foi obtida em 1898 com o auxílio dos Estados Unidos. Como indenização pelo conflito, a Espanha cedeu aos estadunidenses as Filipinas e Porto Rico, que foi mantido como colônia até 1952.

O exército dos Estados Unidos permaneceu em Cuba até 1902. Nesse ano, foi inserida a **Emenda Platt** na Constituição cubana, garantindo o direito de os Estados Unidos intervirem no país e montarem uma base militar na Baía de Guantánamo.

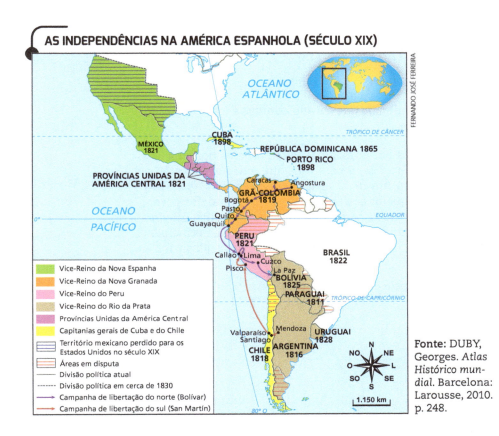

Fonte: DUBY, Georges. *Atlas Histórico mundial*. Barcelona: Larousse, 2010. p. 248.

INDÍGENAS E AFRICANOS NA AMÉRICA INDEPENDENTE

A independência das colônias da América hispânica não beneficiou as populações nativas nem os africanos escravizados. Em alguns países, o tributo indígena foi retomado para gerar renda ao Estado; em outros, campanhas militares expulsaram os nativos de suas terras.

Governos liberais transformaram a posse coletiva da terra pelos indígenas em pequenas propriedades individuais, medida que empobreceu os indígenas e concentrou a terra nas mãos dos grandes fazendeiros. Os indígenas converteram-se em mão de obra barata na mineração e na agropecuária.

Povos indígenas da Argentina resistiram ao avanço dos não indígenas em seu território formando confederações e promovendo ataques. Em abril de 1879, nas **Campanhas do Deserto**, militares invadiram áreas indígenas, matando e aprisionando milhares de nativos.

As campanhas contra os povos nativos abriram caminho para os imigrantes europeus, que chegavam ao país motivados pela possibilidade de enriquecer com as terras disponíveis.

Na América espanhola, a mão de obra africana foi minoritária. Os escravizados lutaram para manter sua cultura e conquistar direitos. Alguns grupos chegaram a formar comunidades semelhantes aos quilombos no Brasil: eram os *cumbes*, na Venezuela, e os *palenques*, em Cuba e na Colômbia.

Apesar de participarem das lutas pela independência, os negros não foram recompensados com a abolição da escravidão, que foi extinta gradualmente.

Teste e aprimore seus conhecimentos com as atividades a seguir.

1. **Complete as lacunas do texto a seguir.**

   Muitos dos primeiros colonos da América do Norte eram _____, que partiram da Inglaterra para fugir de perseguições _____ e _____. Posteriormente, outros grupos chegaram à região.

   Os colonos protestantes fundaram _____ que funcionaram como centros de difusão de ideias _____, que foram importantes no processo de _____ dos Estados Unidos.

2. **Leia o trecho a seguir da Declaração de Independência dos Estados Unidos e identifique ao menos duas ideias iluministas presentes no texto.**

   "Consideramos estas verdades como evidentes por si mesmas, que todos os homens são criados iguais, dotados pelo Criador de certos direitos inalienáveis, que entre estes estão a vida, a liberdade e a procura da felicidade. Que a fim de assegurar esses direitos, governos são instituídos entre os homens, derivando seus justos poderes do consentimento dos governados; que, sempre que qualquer forma de governo se torne destrutiva de tais fins, cabe ao povo o direito de alterá-la ou aboli-la e instituir novo governo, baseando-o em tais princípios e organizando-lhe os poderes pela forma que lhe pareça mais conveniente para realizar-lhe a segurança e a felicidade."

   Declaração de independência dos Estados Unidos. *O Portal da História*.
   Disponível em <http://mod.lk/a7tvo>. Acesso em 30 out. 2018.

   _____
   _____
   _____
   _____

3. **Cite a seguir as atividades econômicas praticadas nas treze colônias inglesas na América.**

   a) Nas colônias do norte e do centro.

   _____
   _____
   _____

   b) Nas colônias do sul.

   _____
   _____
   _____

4. Numere as afirmativas a seguir de acordo com a ordem dos acontecimentos.

a) (   ) Após a Guerra dos Sete Anos, entre Inglaterra e França, a metrópole repassou às treze colônias os custos do conflito por meio da cobrança de impostos e taxas.

b) (   ) A guerra contra a Inglaterra se estendeu até 1783, quando um tratado de paz foi assinado.

c) (   ) No Segundo Congresso Continental da Filadélfia, os colonos decidiram pela independência.

d) (   ) O governo britânico aprovou a Lei do Açúcar, em 1764, a Lei do Selo, em 1765, e a Lei do Chá, em 1773.

e) (   ) O governo britânico impôs as Leis Intoleráveis para punir os colonos, ocupando a colônia de Massachusetts.

f) (   ) Com o acirramento do conflito com a metrópole, os colonos organizaram o Primeiro Congresso Continental da Filadélfia.

g) (   ) As treze colônias desfrutavam de certa autonomia política e econômica quando comparadas com outras colônias inglesas.

h) (   ) Insatisfeitos com os impostos e o controle da metrópole, os colonos organizaram a Festa do Chá de Boston.

5. Observe a imagem abaixo e responda às perguntas.

A destruição do chá no porto de Boston, gravura de Sarony e Major, c. 1846.

a) Que evento foi retratado na gravura? Como ele transcorreu?

b) Que elementos da imagem o ajudaram a responder à pergunta anterior?

c) Que motivações os colonos tinham para promover essa manifestação?

_____
_____
_____
_____
_____

d) Que relação esse evento tem com a independência dos Estados Unidos?

_____
_____
_____
_____
_____
_____
_____

6. Leia o texto a seguir para responder às perguntas.

"[...] Desde meados do século XVIII, à medida que o iluminismo penetrou as possessões espanholas, os *criollos* americanos tinham aspirações à liderança intelectual e cultural do mundo espanhol. Finalmente, após a Guerra Americana de Independência e a Revolução Francesa, muitos *criollos* adotaram ideias revolucionárias que encontraram expressão nos discursos e proclamações de Hidalgo, Bolívar e outros líderes das revoluções em prol da independência da América espanhola [...]."

LAFAYE, Jacques. A literatura e a vida intelectual na América espanhola colonial.
In: BETHELL, Leslie (Org.). *História da América Latina*: América
Latina colonial. São Paulo: Edusp, 2004. v. 2. p. 635.

a) De acordo com o texto, que acontecimentos inspiraram os *criollos* americanos a adotar ideias revolucionárias?

_____
_____
_____

b) Qual foi o impacto da independência dos Estados Unidos no processo de emancipação das colônias da América hispânica?

_____
_____
_____

7. **Numere os acontecimentos a seguir, referentes ao processo de independência da América hispânica, colocando-os em ordem cronológica.**

   a) (   ) Agustín de Itúrbide obtém sucesso nas negociações pela independência do México.

   b) (   ) As províncias Unidas do Rio da Prata declaram sua independência.

   c) (   ) Insurreição liderada pelo padre Miguel Hidalgo no Vice-Reino de Nova Espanha.

   d) (   ) Simón Bolívar proclama a independência da Grã-Colômbia.

   e) (   ) Insurreição liderada pelo padre José Maria Morelos no Vice-Reino de Nova Espanha.

   f) (   ) Formação das primeiras juntas governativas na América hispânica.

   g) (   ) Independência de Cuba.

   h) (   ) Invasão da Espanha pelas tropas de Napoleão Bonaparte.

8. **Leia a seguir um trecho da Carta da Jamaica, escrita por Simón Bolívar em 1815.**

   "Os americanos tiveram, de repente e sem os conhecimentos prévios e, o que é mais grave, sem a prática dos negócios públicos, de representar no teatro do mundo as eminentes dignidades de legisladores, magistrados, administradores do erário, diplomatas, generais e todas aquelas autoridades superiores e subalternas que formam a hierarquia de um Estado organizado com regularidade.

   Quando as águias francesas [...], com seu voo, levaram de roldão os frágeis governos da península [ibérica], nos vimos na orfandade. [...] por último, incertas sobre nosso destino e futuro e ameaçados pela anarquia, por ausência de um governo legítimo, justo e liberal, precipitamo-nos no caos da revolução."

   BOLÍVAR, Simón. *Carta de Jamaica*. 1815-2015.
   Caracas: Comisión Presidencial para la Conmemoración del Bicentenario de la Carta de Jamaica.
   Colección Unidad Nuestraamericana, 2015. p. 20. (tradução nossa)

   a) A que acontecimento Bolívar se refere ao citar as "águias francesas"? Qual seria sua importância para o processo de independência da América espanhola?

   b) A que está relacionado o sentimento de "orfandade" descrito por Bolívar no documento?

   c) Que justificativas Bolívar apresenta para as tentativas de independência?

9. Elabore um pequeno texto sobre a condição e a atuação das populações indígena e negra na América espanhola independente.

10. Leia os textos a seguir e faça o que se pede.

   Texto 1

   "Os colonos estavam habituados a driblar as leis: '*obedezco pero no cumplo*' [obedeço mas não cumpro]. Com Carlos III [1759-1788], os Bourbons da Espanha quiseram mudar essa situação, tornar o Estado eficaz, tirar melhor proveito das colônias ultramarinas. [...] Para mudar isso, Carlos III e os Bourbons esperavam controlar novamente a administração das colônias, promovendo uma 'modernização' a ser feita pelos funcionários ou por personalidades vindas da metrópole. [...] Mas [...] as elites perceberam que a tributação começava a atingi-las à medida que o aparelho administrativo de controle ia crescendo [...]. No fundo, os *criollos* consideravam que a Espanha os colonizava, e revoltas contra os tributos eclodiram em Nova Granada em 1781."

   FERRO, Marc. *História das colonizações*: das conquistas às independências – séculos XIII a XX.
São Paulo: Companhia das Letras, 1996. p. 255-256.

   Texto 2

   "Em Nova York, um agente do governo inglês foi dependurado pelas calças num denominado 'poste da liberdade'. Um grupo chamado Filhos da Liberdade chegou a invadir e saquear a casa de Thomas Hutchinson, representante do governo inglês em Massachusetts.

   Além de todos esses atos, foi convocado o Congresso da Lei do Selo. Em Nova York, os representantes das colônias elaboraram a Declaração dos Direitos e Reivindicações. [...]

   O documento afirma sua lealdade em relação ao rei Jorge III. No entanto, invoca para as colônias os mesmos direitos que os ingleses tinham na metrópole. O documento afirma, lembrando uma tradição que remonta às ideias do filósofo inglês Locke, que nenhuma lei pode ser válida sem uma representação dos colonos na Câmara dos Comuns. Por fim, pede a Declaração que essa e outras leis que restringem o comércio sejam abolidas."

   KARNAL, Leandro e outros. *História dos Estados Unidos*: das origens ao século XXI.
São Paulo: Contexto, 2009. p. 77.

   a) Identifique as datas dos acontecimentos relatados nos dois textos.

b) Descreva o tema de cada um dos textos.

_____
_____
_____
_____
_____

c) Compare os dois textos e responda: há alguma semelhança entre as políticas coloniais de Espanha e Inglaterra?

_____
_____
_____
_____
_____
_____
_____
_____

d) Em sua opinião, essas políticas coloniais tiveram o mesmo resultado?

_____
_____
_____
_____
_____
_____
_____

11. **Classifique as afirmativas a seguir em verdadeiras (V) ou falsas (F).**

a) (   ) Como decorrência dos processos de independência, os povos indígenas da América hispânica conquistaram os mesmos direitos que a população *criolla*.

b) (   ) Em alguns casos, os novos países retomaram os tributos impostos aos indígenas no período colonial.

c) (   ) A escravidão era considerada uma marca da colonização hispânica, e a abolição do regime escravista ocorreu pouco tempo após a independência.

d) (   ) Em países como o México, a posse coletiva da terra foi abolida e os indígenas se tornaram pequenos proprietários de terra ou trabalhadores pobres.

e) (   ) Na Argentina, os indígenas compartilharam suas terras com os imigrantes que chegavam da Europa.

12. **Leia o texto a seguir e responda à questão.**

"O presidente dos Estados Unidos, Donald Trump, afirmou nesta segunda-feira (18) que o país não se converterá em um campo de migrantes, em uma dramática confirmação da política de tolerância zero em relação à migração clandestina. 'Os Estados Unidos não serão um campo de imigrantes, e não serão um complexo para manter refugiados', enfatizou, voltando a responsabilizar os legisladores democratas pela lei que considera 'horrível'.

Trump sofre pressão de democratas e republicanos contra o endurecimento da medida de separar as crianças migrantes de seus pais na fronteira com o México. A medida foi elaborada e aprovada durante o governo de Barack Obama, apesar de ter sido aplicada apenas em casos excepcionais. No início de maio, o governo Trump passou a aplicá-la de forma rigorosa."

TRUMP diz que EUA não serão um campo de imigrantes.
G1, 18 jun. 2018. Disponível em <http://mod.lk/r3hzw>. Acesso em 30 out. 2018.

Em sua opinião, é correto afirmar que, ao se opor à entrada de imigrantes no país, o governo dos Estados Unidos vai na contramão de sua história? Justifique sua resposta.

UNIDADE 5 O PROCESSO DE INDEPENDÊNCIA DO BRASIL

RECAPITULANDO

O BRASIL E A CRISE DO ANTIGO SISTEMA COLONIAL

Em meados do século XVIII, a queda na arrecadação de impostos evidenciou a necessidade de modernizar as finanças do Reino de Portugal e de diversificar sua economia. O **marquês de Pombal**, ministro do rei D. José I, promoveu um conjunto de medidas para incentivar a produção manufatureira no reino e, para isso, aumentou o controle sobre as atividades econômicas realizadas na América portuguesa.

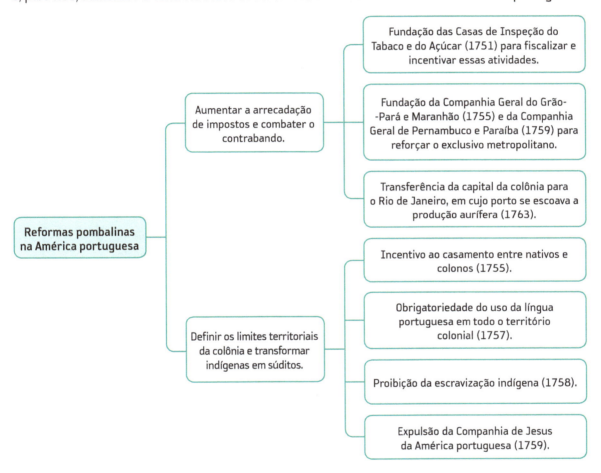

Reformas pombalinas na América portuguesa

- Aumentar a arrecadação de impostos e combater o contrabando.
  - Fundação das Casas de Inspeção do Tabaco e do Açúcar (1751) para fiscalizar e incentivar essas atividades.
  - Fundação da Companhia Geral do Grão-Pará e Maranhão (1755) e da Companhia Geral de Pernambuco e Paraíba (1759) para reforçar o exclusivo metropolitano.
  - Transferência da capital da colônia para o Rio de Janeiro, em cujo porto se escoava a produção aurífera (1763).
- Definir os limites territoriais da colônia e transformar indígenas em súditos.
  - Incentivo ao casamento entre nativos e colonos (1755).
  - Obrigatoriedade do uso da língua portuguesa em todo o território colonial (1757).
  - Proibição da escravização indígena (1758).
  - Expulsão da Companhia de Jesus da América portuguesa (1759).

O aumento do controle metropolitano despertou a insatisfação de membros da elite colonial, influenciada pelo iluminismo e pela independência dos Estados Unidos. Eclodiram, então, as revoltas contra o domínio português, das quais a primeira foi a **Conjuração Mineira**.

Na capitania de Minas Gerais, com a diminuição da produção aurífera, houve queda no recolhimento de tributos. Em 1788, o governador da capitania anunciou que a **derrama** (cobrança dos impostos atrasados) e uma ampla investigação sobre o contrabando na região seriam feitas no ano seguinte. Em reação, membros da elite econômica e intelectual mineira se reuniram em Vila Rica para planejar uma rebelião contra o domínio metropolitano.

Os conspiradores pretendiam proclamar uma **república** em Minas Gerais. Eles também defendiam outras medidas, como o perdão de todas as dívidas com a Fazenda Real, o incentivo à instalação de manufaturas na capitania e a liberação do Distrito Diamantino.

Sobre outros temas, não havia consenso: parte dos conjurados era contrária à escravidão, mas a maioria, proprietária de escravizados, defendia sua continuidade.

Em março de 1789, Joaquim Silvério dos Reis delatou os companheiros em troca do perdão de suas dívidas com a Coroa, e os revoltosos foram presos. Dos 34 conspiradores, apenas o alferes Joaquim José da Silva Xavier, conhecido como **Tiradentes**, foi executado.

Outra revolta influenciada pelos ideais iluministas ocorreu no final do século XVIII, desta vez na Bahia. Diante da fome causada pelo aumento dos preços dos alimentos em Salvador, a população livre e pobre e os escravizados se revoltaram, dando origem à **Conjuração Baiana** ou **Conjuração dos Alfaiates**.

Em 12 de agosto de 1798, cartazes convocando o povo à revolução foram colados em áreas públicas de Salvador. As principais reivindicações dos conjurados baianos eram o fim do domínio português na Bahia, a proclamação da república, a liberdade comercial e o fim da escravidão e das diferenças raciais.

O movimento foi rapidamente contido e os principais envolvidos foram presos. Os soldados Luís Gonzaga das Virgens e Lucas Dantas do Amorim e os alfaiates João de Deus e Manuel Faustino foram executados.

A VINDA DA FAMÍLIA REAL PARA O BRASIL

Em 1806, o imperador francês Napoleão Bonaparte decretou o Bloqueio Continental, proibindo os países da Europa de praticar o comércio com a Inglaterra. O governo português preferiu manter a aliança com os ingleses e **transferir a corte portuguesa para o Brasil**.

Dias depois de chegar a Salvador, o príncipe regente, D. João, assinou o decreto que **abriu os portos brasileiros às nações amigas**, significando o fim do exclusivo colonial metropolitano. Em março de 1808, a corte portuguesa chegou ao Rio de Janeiro, que se transformou em sede da administração do reino português.

Com a derrota de Napoleão, as potências europeias reuniram-se no Congresso de Viena (1814-1815). Os membros do Congresso não reconheceram o Rio de Janeiro como capital de Portugal; por isso, D. João elevou o Brasil à categoria de **Reino Unido a Portugal e Algarves**. A medida oficializou o fim da divisão entre metrópole e colônia.

Em 1817, outra revolta ocorreu no território brasileiro, desta vez na capitania de Pernambuco. Motivada pelo declínio das lavouras de exportação do Nordeste, pelo controle exercido pelos portugueses sobre o comércio e sobre os cargos administrativos da capitania e pela sobrecarga de impostos, a população de Pernambuco se rebelou.

Durante a **Revolução Pernambucana de 1817**, padres, artesãos, militares, juízes, proprietários de terras e outros grupos proclamaram a república no Recife, instalando um governo provisório inspirado na Revolução Francesa e propondo a elaboração de uma Constituição. O movimento foi reprimido com violência pelo governo do Rio de Janeiro.

A INDEPENDÊNCIA DO BRASIL

Os prejuízos causados pela abertura dos portos e a permanência da corte portuguesa no Brasil mesmo após o fim das guerras napoleônicas deixaram os portugueses descontentes.

Durante a **Revolução Liberal de 1820**, ou **Revolução do Porto**, foram convocadas eleições para formar as Cortes (o Parlamento português) e elaborar uma Constituição para o reino. Com maioria de deputados portugueses, as Cortes tinham a intenção de recolonizar o Brasil e restabelecer os monopólios e privilégios anteriores a 1808.

D. João VI retornou a Portugal em 1821 e deixou seu filho, D. Pedro, como príncipe regente do Brasil. Nesse mesmo ano, as Cortes exigiram o retorno imediato de D. Pedro a Portugal. Temendo perder os privilégios, as elites do Centro-Sul começaram a articular a independência.

Após receber a notícia de que as Cortes portuguesas reduziram seu poder, D. Pedro proclamou a independência do Brasil em 7 de setembro de 1822.

O PRIMEIRO REINADO

Piauí, Maranhão e Ceará não aderiram à independência. Militares e altos funcionários portugueses dessas capitanias não aceitaram a situação e aliaram-se às Cortes de Lisboa. Na Bahia, a guerra contra as tropas portuguesas contou com o apoio de oficiais ingleses, e a vitória só foi conquistada em julho de 1823.

Nesse ano, ocorreram eleições para a **Assembleia Constituinte**, que tinha como finalidade elaborar a primeira Constituição do Brasil. Os deputados se dividiram em duas correntes políticas: a dos partidários do imperador e de um governo centralizado e forte e a dos que defendiam autonomia regional e limites para a autoridade de D. Pedro I. Como a proposta apresentada pelos constituintes limitava seus poderes, D. Pedro I enviou tropas à Assembleia, encerrando suas atividades.

A primeira **Constituição do Brasil**, elaborada por um grupo de confiança de D. Pedro I, foi outorgada em 1824. Suas principais resoluções eram: o estabelecimento de uma monarquia hereditária, constitucional e representativa; a divisão dos poderes em Executivo, Legislativo, Judicial e Moderador (este exclusivo do imperador); a garantia do direito à propriedade de terras, escravizados e demais bens adquiridos durante o período colonial; a adoção do catolicismo como religião oficial; o estabelecimento do voto indireto e censitário.

A Constituição não mencionava os escravizados, apenas os ingênuos – filhos de escravizados nascidos livres – e os libertos, e garantia a eles direitos restritos, deixando-os em condições vulneráveis.

O Primeiro Reinado foi um período marcado por guerras e rebeliões. Em julho de 1824, os liberais republicanos de Pernambuco proclamaram a **Confederação do Equador**. No ano seguinte, a Província Cisplatina, incorporada à América portuguesa por D. João VI, também se rebelou. Em 1828, a província conquistou sua independência tornando-se a **República Oriental do Uruguai**.

Após 1824, o governo de D. Pedro I se tornou cada vez mais instável. O baixo preço dos produtos agrícolas no mercado internacional e os elevados gastos militares aumentaram a dívida pública e prejudicaram a economia brasileira. Em abril de 1831, o apoio político ao imperador era escasso e muitos pediam a derrubada do governo. Os liberais portugueses também insistiam que o monarca retornasse a Portugal.

Isolado politicamente e abandonado pelos militares, D. Pedro I abdicou em 7 de abril de 1831 em favor de seu filho, Pedro de Alcântara, na época com 5 anos.

Teste e aprimore seus conhecimentos com as atividades a seguir.

1. Classifique as afirmativas a seguir em verdadeiras (V) ou falsas (F).

    a) (   ) O século XVIII ficou marcado para Portugal como um período de relações pacíficas e produtivas entre a metrópole e a América portuguesa.

    b) (   ) O marquês de Pombal desenvolveu um plano para incentivar a agricultura do reino.

    c) (   ) A queda na arrecadação de ouro em Minas Gerais foi um dos fatores que agravaram a crise econômica de Portugal.

    d) (   ) O marquês de Pombal via no exclusivo metropolitano a chave para a superação da crise em Portugal.

    e) (   ) Entre as medidas de Pombal, estava o fim do controle sobre a América portuguesa.

O trecho a seguir faz parte de uma lei de 1757 que estabeleceu normas para o funcionamento das missões e aldeamentos no Brasil. Leia-o para fazer as atividades 2, 3 e 4.

"Não se podendo negar que os índios deste Estado se conservaram até agora na mesma barbaridade [...] em que nasceram, praticando os péssimos e abomináveis costumes do paganismo, não só privados do verdadeiro conhecimento [...] da nossa sagrada religião, mas até das mesmas conveniências [...] que só se podem conseguir pelos meios da civilidade, da cultura e do comércio. E sendo evidente que as paternais providências de Nosso Augusto Soberano se dirigem unicamente a cristianizar e civilizar estes [...] povos, para que, saindo da ignorância e rusticidade a que se acham reduzidos, possam ser úteis a si, aos moradores, e ao Estado [...]."

DIRETÓRIO que se deve observar nas Povoações dos Índios do Pará, e Maranhão, enquanto Sua Majestade não mandar o contrário. Disponível em <http://mod.lk/9eqXr>. Acesso em 22 nov. 2018.

2. Sublinhe o trecho em que se descrevem os objetivos da colonização em relação aos indígenas.

3. De acordo com o texto, qual era a visão da Coroa portuguesa a respeito da cultura indígena?

4. Relacione o documento à política pombalina para a população indígena.

5. Identifique com M as afirmativas relacionadas à Conjuração Mineira e com B as que dizem respeito à Conjuração Baiana.

a) ( ) Participaram da revolta a população livre e pobre e os escravizados.

b) ( ) Ocorreu em Vila Rica, Minas Gerais, em 1789.

c) ( ) Entre os participantes, estavam membros da elite econômica e intelectual da colônia.

d) ( ) Ocorreu em Salvador, Bahia, em 1798.

e) ( ) Um dos principais objetivos dos conjurados era a proclamação de uma república, a abertura do Distrito Diamantino e a instalação de manufaturas.

f) ( ) Os conjurados defendiam a proclamação de uma república, a abolição da escravidão e a liberdade comercial.

6. Observe a imagem a seguir e responda às perguntas.

Partida da rainha para embarcar no navio que a levará para a corte em Lisboa, gravura de Jean-Baptiste Debret, de 1839, representando o embarque da rainha Carlota Joaquina em 1821.

a) Que grupos sociais foram representados na imagem?

_____
_____
_____
_____
_____

b) Em que contexto histórico o acontecimento representado nessa gravura ocorreu?

_____
_____
_____
_____
_____

7. Leia o texto a seguir e responda às perguntas.

"A transferência da corte portuguesa para o Rio de Janeiro em 1808 não apenas provocou uma abertura do Brasil em termos econômicos, mas também pôs fim ao seu isolamento intelectual e cultural. De todos os lugares afluíram novas pessoas e novas ideias. [...] Durante o período de permanência de D. João no Brasil, a população do Rio de Janeiro dobrou, passando de 50 mil para 100 mil habitantes."

BETHELL, Leslie. A independência do Brasil. In: BETHELL, Leslie (Org.). *História da América Latina*: da independência a 1870. São Paulo: Edusp, 2004. v. III. p. 206.

a) O que motivou a transferência da corte portuguesa para o Brasil no início do século XIX?

_____
_____
_____

b) Segundo o texto, quais foram as consequências da transferência da corte para o Brasil?

_____
_____
_____

8. A história em quadrinhos (HQ) abaixo narra de forma bem-humorada um evento importante para a história do Brasil no século XIX. Com base nessa HQ, explique como transcorreu o processo de independência do Brasil.

Quadrinhos da obra *Você sabia? Turma da Mônica, Independência do Brasil*, de Mauricio de Sousa, agosto de 2003.

9. Complete o esquema a seguir com informações sobre o processo de independência do Brasil.

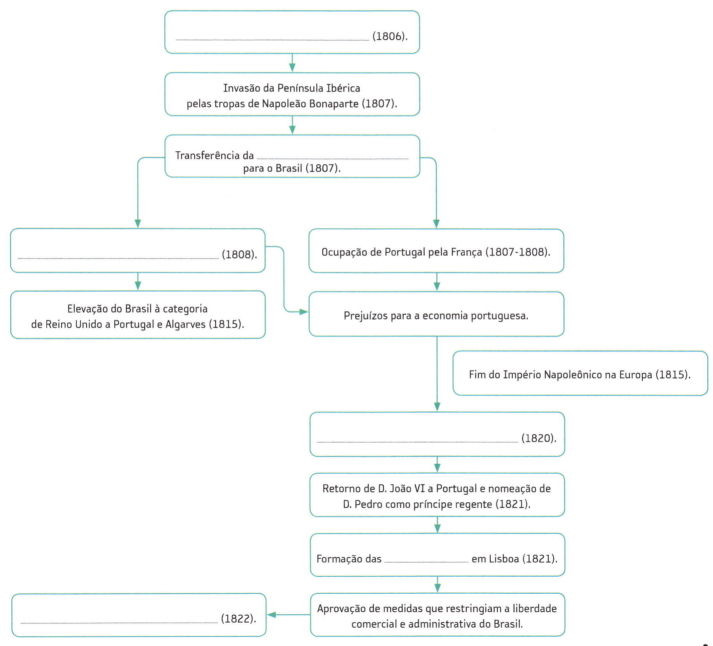

10. Leia o texto a seguir e responda às questões.

"Recebi hoje uma visita de dona Maria [Quitéria] de Jesus, jovem que se distinguiu ultimamente na guerra do recôncavo [baiano].

[...] Parece que, logo no começo da guerra do recôncavo, percorreram o país em todas as direções emissários do governo para inscrever voluntários [...]. Começou ele a descrever a grandeza e as riquezas do Brasil e a felicidade que poderia alcançar com a independência. Atacou a longa e opressiva tirania de Portugal e a humilhação em submeter-se a ser governado por um país tão pobre e degradado. Ele falou longa e eloquentemente dos serviços que D. Pedro prestara ao Brasil, de suas virtudes e nas da imperatriz, de modo que, afinal, disse a moça: 'senti o coração ardendo em meu peito'. [...]

No domingo ela arranjou as coisas tão bem que já havia entrado no regimento de artilharia e montado guarda."

GRAHAM, Maria. *Diários de uma viagem ao Brasil*. Rio de Janeiro: Companhia Editora Nacional, 1956. p. 329-330.

a) Em que conflito Maria Quitéria se envolveu?

b) Contextualize, com base no texto, a participação de Maria Quitéria nesse período da história política do Brasil.

11. Preencha o esquema a seguir, sobre a Constituição de 1824.

Constituição de 1824

- Forma de governo:
- Divisão dos poderes:
- Voto:

12. Elabore uma frase sobre cada um dos temas a seguir, relacionados ao Primeiro Reinado:

   a) adesão das províncias à independência;

   b) dissolução da Assembleia Constituinte de 1823;

   c) escravizados na Constituição de 1824;

   d) independência do Uruguai;

   e) abdicação de D. Pedro I.

UNIDADE 6 O BRASIL DO SEGUNDO REINADO

RECAPITULANDO

AS REGÊNCIAS E AS REBELIÕES CONTRA O PODER CENTRAL

Com a abdicação de D. Pedro I em favor de seu filho, de apenas 5 anos, teve início o **período regencial** (1831-1840). Em 1834, o governo regencial decretou o **Ato Adicional**, por meio do qual, entre outras medidas, criou as Assembleias Legislativas Provinciais para decidir sobre questões locais e determinou a substituição da Regência Trina pela Regência Una, escolhida por meio de eleições.

A aprovação do Ato Adicional dividiu os deputados em dois grupos: o dos **regressistas**, conservadores que defendiam um governo forte e centralizado, e o dos **progressistas**, defensores das reformas liberais e da descentralização do poder.

Em 1835, as eleições para a regência foram vencidas pelo progressista padre Diogo Antônio Feijó, que enfrentou diversas revoltas provinciais durante o seu governo.

A **Rebelião dos Malês** ocorreu em Salvador, e os revoltosos eram, em sua maioria, escravizados muçulmanos (*imale*, em iorubá) de origem nagô. Em janeiro de 1835, cerca de seiscentos negros se rebelaram para acabar com a escravidão. Os combates entre rebeldes e a Guarda Nacional resultaram na morte de setenta revoltosos e dez soldados. Muitos outros foram feridos e presos.

Na província do Grão-Pará, em 1835, os cabanos (como eram conhecidos os mestiços que viviam em cabanas às margens dos rios), indígenas e negros escravizados e libertos, além de alguns comerciantes e proprietários de terras, revoltaram-se contra o governo regencial. As principais motivações eram a presença de portugueses nos altos cargos públicos e a extrema pobreza.

O estopim da **Cabanagem** foi a nomeação do português Bernardo Lobo de Sousa como presidente da província. Os rebeldes tomaram Belém, executaram o presidente e nomearam o fazendeiro Félix Malcher para o cargo. Após a retomada da capital, os rebeldes se refugiaram no interior e resistiram por três anos. Em 1840, as tropas do governo já controlavam toda a província.

Outra rebelião teve início em 1835: criadores de gado do Rio Grande do Sul, conhecidos como estancieiros, rebelaram-se contra o governo do Rio de Janeiro na **Revolução Farroupilha** ou **Guerra dos Farrapos**.

Inicialmente, os estancieiros exigiam a diminuição de tributos sobre o sal, a livre circulação de rebanhos entre o Brasil e o Uruguai e o aumento das taxas cobradas sobre produtos da Bacia do Prata. Em 1838, os rebeldes proclamaram a **República de Piratini**, nomeando Bento Gonçalves presidente. Em 1839, proclamaram a **República Juliana**, em Laguna, Santa Catarina. Os conflitos duraram até 1845, quando a paz foi assinada.

D. PEDRO II NO TRONO DO BRASIL

As revoltas regenciais aumentaram a preocupação das elites com a unidade territorial do império. Nesse contexto, os regressistas criaram o **Partido Conservador**, que apoiava a centralização política e a manutenção do tráfico de escravizados. Os progressistas formaram o **Partido Liberal**, que defendia o fim do tráfico, o incentivo à imigração de trabalhadores europeus para o Brasil e a autonomia das províncias.

46

Em 1838, o conservador Pedro de Araújo Lima assumiu a regência sob forte oposição. No governo, os conservadores decretaram a **Lei de Interpretação do Ato Adicional**, em 1840, limitando a autonomia das províncias.

Na oposição, os liberais lançaram a **campanha da maioridade**, para que Pedro de Alcântara, na época com 14 anos de idade, assumisse o governo e estabilizasse o país. A campanha ganhou apoio popular, e, em 1841, D. Pedro II assumiu o trono, dando início ao **Segundo Reinado**.

Em 1864, por causa das disputas pelo controle das rotas comerciais na Bacia do Prata, teve início a **Guerra do Paraguai**. Naquele ano, diante de conflitos relacionados à tarifa sobre a exportação de gado e sobre o uso de mão de obra escravizada por brasileiros no Uruguai, Argentina e Brasil intervieram na política do país apoiando Venâncio Flores, do Partido Colorado, para a presidência.

O governo do Paraguai, que dependia da Bacia do Prata para escoar seus produtos até o Oceano Atlântico, viu-se prejudicado. Francisco Solano López, presidente do país e aliado do Partido Blanco, rompeu relações diplomáticas com o Brasil, capturou um navio brasileiro no Rio Paraguai e invadiu o Mato Grosso. Quando o governo argentino proibiu que as tropas paraguaias atravessassem seu território para chegar ao Uruguai, o Paraguai declarou guerra à Argentina.

Em maio de 1865, Brasil, Argentina e Uruguai formaram a **Tríplice Aliança**. O conflito terminou em 1870 com a morte de López e a derrota do Paraguai, que foi devastado pela guerra.

A EXPANSÃO CAFEEIRA NO BRASIL

O café começou a ser cultivado no Rio de Janeiro no final do século XVIII. No começo do Segundo Reinado, a produção cafeeira já representava 40% das exportações do país e correspondia a mais da metade da produção mundial.

A primeira fase da expansão cafeeira ocorreu no **Vale do Paraíba**, região que reunia condições climáticas favoráveis para o cultivo. A produção se apoiava na grande propriedade rural e na mão de obra escravizada.

A EXPANSÃO DA CAFEICULTURA NO CENTRO-SUL DO BRASIL (SÉCULOS XIX-XX)

Fonte: RODRIGUES, João Antônio. *Atlas para estudos sociais.*
Rio de Janeiro: Ao Livro Técnico, 1977. p. 26.

O enfraquecimento do solo causado pelo desmatamento e pela erosão resultou na diminuição da produtividade dos cafezais do Vale do Paraíba na década de 1860.

Assim, o cultivo do café entrou em uma nova fase com a expansão das lavouras para o **Oeste Paulista**, região que também apresentava condições apropriadas ao cultivo, como o solo de terra roxa, a geografia pouco acidentada e grandes extensões de terras inexploradas.

Nessa nova fase do cultivo do café, os fazendeiros se transformaram em empresários capitalistas. Com os recursos obtidos nessa atividade, investiram em indústrias, bancos e serviços urbanos. Essa burguesia cafeeira também participava ativamente da vida política brasileira.

A expansão das lavouras de café foi facilitada pela implantação das **estradas de ferro**, sendo a primeira do país a Estrada de Ferro Mauá, inaugurada em 1854, no Rio de Janeiro. Em pouco tempo, foram construídas estradas de ferro que atravessavam o interior paulista em direção ao porto de Santos.

INDÍGENAS, ESCRAVIZADOS E IMIGRANTES

Em junho de 1845, D. Pedro II determinou o **aldeamento** dos povos indígenas em colônias rurais, onde aprenderiam os ensinamentos cristãos e os costumes "civilizados". A intenção era transformar os indígenas em trabalhadores rurais e liberar suas terras para os imigrantes europeus.

No entanto, a política de assimilação dos indígenas fracassou, pois eles permaneciam em suas aldeias, buscando preservá-las, e, por meio de petições, reivindicavam direitos coletivos e buscavam afirmar sua identidade.

No Brasil imperial, os escravizados trabalhavam nas fazendas de café, açúcar e algodão, nos portos, em obras públicas, no comércio de rua e nos espaços domésticos. Nas cidades, alguns escravizados conseguiam juntar dinheiro e comprar a alforria, mas nas fazendas isso era quase impossível.

No início do século XIX, a Inglaterra aboliu o tráfico negreiro e iniciou uma política agressiva pela abolição da escravatura em todos os países. Um tratado entre Inglaterra e Brasil determinava a proibição do tráfico em 1831, mas uma forte campanha pela manutenção da atividade dominou o Parlamento brasileiro.

Em agosto de 1845, o Parlamento britânico aprovou o **Bill Aberdeen**, que autorizava a marinha inglesa a apreender navios negreiros e julgar os responsáveis pelo tráfico. Cerca de noventa embarcações foram capturadas entre 1849 e 1851.

Em 1850, foi aprovada no Brasil a **Lei Eusébio de Queiroz**, que proibiu a entrada de cativos no país. Para obter mão de obra, os cafeicultores e outros fazendeiros recorreram ao tráfico interno, levando escravizados do Nordeste e do Sul para o Sudeste do país.

Em 1871, foi aprovada a **Lei Rio Branco** ou **Lei do Ventre Livre**, que declarou livres os filhos de mulheres escravizadas nascidos a partir daquele ano.

A campanha abolicionista tornou-se mais intensa a partir da década de 1880. Associações, clubes, intelectuais, jornalistas, advogados, profissionais liberais e até fazendeiros aderiram à causa.

As fugas e rebeliões de escravizados tornaram-se frequentes, e muitos proprietários alforriavam os cativos em troca de sua permanência na lavoura por mais alguns anos. Nesse cenário, ocorreu a aprovação, em 1885, da **Lei Saraiva-Cotegipe** (**Lei dos Sexagenários**), que libertou os escravizados com mais de 60 anos.

Em 13 de maio de 1888, a escravidão foi abolida no Brasil com a assinatura da **Lei Áurea**. No entanto, os ex-escravizados não receberam nenhum tipo de auxílio para recomeçar a vida, e grande parte deles continuou trabalhando para os antigos senhores.

Poucos meses após o fim do tráfico negreiro, em setembro de 1850, foi promulgada a **Lei de Terras**, que determinava que a aquisição de terras públicas devia ser feita por meio da compra, limitando o acesso à terra para a maior parte da população brasileira.

O incentivo da lei à imigração de europeus refletia a visão de alguns setores da elite que, influenciados pelas teorias racistas europeias, desejavam promover um "branqueamento" do Brasil.

A primeira experiência com o trabalho imigrante na cafeicultura ocorreu em 1864, com a chegada de famílias suíças e alemãs para trabalhar na Fazenda Ibicaba, no estado de São Paulo, pertencente ao senador Nicolau de Campos Vergueiro.

Os imigrantes eram contratados pelo **sistema de parceria**, no qual o fazendeiro custeava a viagem e as despesas da família até a primeira colheita de café. Após a venda, o colono entregava metade da produção ao proprietário, além de pagar parte da dívida acumulada com juros de 6%.

Com o fracasso do sistema de parceria, foi instituído o **colonato**, na década de 1870. Nesse programa, os imigrantes recebiam um salário fixo pelo trabalho nos cafezais e podiam cultivar alguns alimentos para vender o excedente.

Em 1871, o governo paulista começou a subvencionar a vinda de estrangeiros ao país, dando início ao período mais ativo da imigração europeia para o Brasil.

Teste e aprimore seus conhecimentos com as atividades a seguir.

1. Complete o texto abaixo com os termos corretos sobre o período regencial.

Em 1831, D. Pedro I deixou o trono para seu filho, _____, que só poderia ser coroado aos _____ de idade. Provisoriamente, o Império Brasileiro foi governado pela _____.

Por meio do _____, o governo regencial concedeu autonomia para as _____, além de estabelecer a _____, cujo representante seria eleito pelo voto secreto com mandato de quatro anos. Como havia oposição entre os defensores da centralização e os apoiadores da autonomia regional, formaram-se os grupos políticos dos _____ e dos _____.

2. No período regencial, havia dois projetos políticos opostos para organizar o Estado brasileiro. Que projetos eram esses?

_____
_____
_____
_____
_____
_____
_____

3. **Numere os acontecimentos a seguir em ordem cronológica.**

 ( ) Aprovação do Ato Adicional de 1834, que atribuía mais autonomia às províncias.

 ( ) Início da regência de Araújo Lima, período conhecido como "regresso conservador".

 ( ) Aprovação da Lei de Interpretação do Ato Adicional, que limitava a autonomia das províncias.

 ( ) Divisão dos integrantes da elite política em regressistas e progressistas.

 ( ) Criação do Partido Conservador pelos regressistas e do Partido Liberal pelos progressistas.

 ( ) Aprovação da maioridade de Pedro de Alcântara, que assumiu o trono como D. Pedro II.

 ( ) Início das revoltas contra o governo regencial em diversas províncias do império.

4. **Leia o texto a seguir.**

"Com efeito, se o projeto de antecipar a maioridade não passou, a princípio, de uma manobra política, o certo é que aos poucos a medida foi tomando 'ares de salvação nacional'. É o Partido Liberal, em 1840, com a criação do Clube da Maioridade, que dá forma ao projeto; mas a tarefa não era realmente difícil. Afinal, os próprios governistas pareciam favoráveis a pôr fim ao regime eletivo das Regências. [...] Até [o marquês de] Olinda, apesar de saber da intenção dos liberais de alijá-lo do poder, não se opôs frontalmente à maioridade; era a instabilidade da ordem política e a inquietação diante das várias rebeliões que levavam a se enterrar o regime antes de sua morte."

SCHWARCZ, Lilia Moritz. *As barbas do imperador*: D. Pedro II, um monarca nos trópicos. São Paulo: Companhia das Letras, 1998. p. 67-68.

Explique por que até os governistas eram favoráveis ao fim das regências.

5. **Leia o texto a seguir, sobre a Guerra do Paraguai, e responda às perguntas.**

"Nessas primeiras narrativas prevaleceu, via de regra, uma interpretação que apontava o governo paraguaio como o responsável pela guerra, uma vez que, segundo esta visão, foi esse governo que invadiu e 'agrediu' o Império do Brasil. [...]

Para autores que compunham a corrente historiográfica memorialístico-militar-patriótica, [...] as explicações em torno das razões para a Guerra do Paraguai passam a ser associadas à figura de Francisco Solano López. Havia um forte discurso nessas primeiras interpretações que apontam para a Guerra do Paraguai como um conflito entre a civilização e a barbárie, em que o Brasil era entendido como o representante da primeira enquanto que Solano López era tido como o símbolo maior da segunda."

SALLES, André Mendes. A Guerra do Paraguai nas edições do livro didático *História do Brasil: da Colônia à República*, das autoras Elza Nadai e Joana Neves. *Educação Básica Revista*, v. 3, n. 2, 2017. p. 298. Disponível em <http://mod.lk/4gauq>. Acesso em 22 nov. 2018.

a) Elabore um breve resumo sobre a Guerra do Paraguai.

_____
_____
_____
_____
_____

b) Para explicar o envolvimento na Guerra do Paraguai, o governo brasileiro atribuía ao presidente paraguaio a culpa pelo início do conflito. Em sua opinião, essa interpretação está correta? Justifique.

_____
_____
_____
_____
_____

6. Preencha o diagrama a seguir, com informações sobre a expansão cafeeira no Brasil no século XIX.

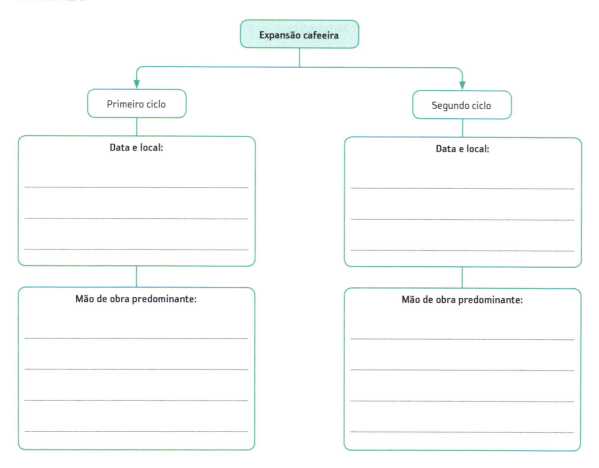

7. Elabore uma pergunta para a resposta a seguir.

O segundo ciclo da expansão cafeeira foi mais produtivo e duradouro porque o solo do Oeste Paulista era mais favorável ao cultivo, e inovações técnicas foram utilizadas na atividade, aprimorando-a.

8. Leia o texto a seguir, sobre o Rio de Janeiro no início do século XIX. Em seguida, faça o que se pede.

"Antes das dez da manhã, quando o sol começava a subir alto e as sombras das casas se encurtavam, os homens brancos se faziam raros pelas ruas e viam-se então os escravos madraceando à vontade, ou sentados à soleira das portas, fiando, fazendo meias ou tecendo uma espécie de erva, com que fabricavam 800 cestos e chapéus. Outros, entre os quais provavelmente havia alguns pretos forros, prosseguiam nos seus trabalhos de entregadores, saíam a recados ou levavam à venda, sobre pequenos taboleiros, frutas, doces, armarinhos, algodõezinhos estampados e uns poucos outros gêneros. Todos eles eram pretos, tanto homens como mulheres, e um estrangeiro que acontecesse de atravessar a cidade pelo meio do dia quase que poderia supor-se transplantado para o coração da África."

LUCCOCK, John. *Notas sobre o Rio de Janeiro e partes meridionais do Brasil, tomadas durante uma estada de 10 anos nesse país, de 1808 a 1818*. Belo Horizonte: Itatiaia, 1975. p. 74-75.

Madracear: estar ocioso.

a) Segundo o relato, que atividades os negros desenvolviam nas primeiras horas da manhã?

b) No relato, que atividades escravizados e forros realizavam? De que atividades apenas escravizados tomavam parte?

c) Elabore uma hipótese para explicar por que o autor do relato afirmou que "um estrangeiro que acontecesse de atravessar a cidade pelo meio do dia quase que poderia supor-se transplantado para o coração da África".

9. Observe a charge a seguir, sobre o movimento abolicionista, e faça o que se pede.

Charge abolicionista publicada na *Revista Illustrada*, em 1887. A imagem estava acompanhada da seguinte legenda: "Aspecto atual da questão servil. Já não há mais partidos políticos. Nem liberais, nem conservadores. Ou abolicionistas, ou negreiros! Os Srs. Paulino e Moreira de Barros procuram segurar o mísero escravo; os Srs. Prado e Leôncio de Carvalho esforçam-se para arrancá-lo das garras dos ferozes escravocratas. Em que ficamos?".

a) Descreva os personagens da charge, usando os elementos da imagem e da legenda para caracterizá-los.

b) Com base na charge, é possível dizer que os escravizados foram protagonistas do processo abolicionista?

10. Leia as afirmativas a seguir, sobre a vinda de imigrantes para o Brasil no século XIX.

I. As políticas de incentivo à imigração ganharam impulso com a proibição do tráfico de escravizados.

II. Os imigrantes que chegaram ao Brasil no século XIX trabalhavam principalmente nas cidades, locais onde não havia mão de obra disponível.

III. Os imigrantes deixaram em seus países melhores condições de vida, pois migraram sem saber o que encontrariam no Brasil.

IV. O incentivo à imigração europeia estava relacionado a um projeto de "branqueamento" do Brasil.

Estão corretas as afirmativas:

a) I e II.
b) I e III.
c) I e IV.
d) II e III.

11. Sílvio Romero foi um político e intelectual brasileiro de muito destaque na segunda metade do século XIX. Leia abaixo um trecho de uma de suas obras e responda às perguntas.

"A minha tese, pois, é que a vitória na luta pela vida, entre nós, pertencerá, no porvir ao branco; mas que este, para essa mesma vitória, atentas as agruras do clima, tem necessidade de aproveitar-se do que útil as outras raças lhe podem fornecer [...]. Pela seleção natural, todavia, depois de prestado o auxílio de que necessita, o tipo branco irá tomando a preponderância até mostrar-se puro e belo como no velho mundo. Será quando já estiver todo aclimatado no continente. Dois fatos contribuirão largamente para tal resultado: – de um lado a extinção do tráfico africano e o desaparecimento constante dos índios, e de outro a emigração europeia!"

ROMERO, Sílvio. A literatura brasileira e a crítica moderna [1880]. In: AZEVEDO, Celia Maria Marinho de. *Onda negra, medo branco*: o negro no imaginário das elites – século XIX. São Paulo: Paz e Terra, 1987. p. 71.

a) O autor afirma ser contrário ao tráfico de escravizados e a favor da imigração europeia. Como esses processos estão relacionados no texto?

b) Com base no texto de Sílvio Romero, explique como a composição populacional brasileira despertava o medo da elite política daquele período.

UNIDADE 7 REVOLUÇÕES, NACIONALISMO E TEORIAS NA EUROPA DO SÉCULO XIX

RECAPITULANDO

AGITAÇÕES POLÍTICAS E SOCIAIS NA EUROPA DO SÉCULO XIX

O **Congresso de Viena** (1814-1815) se reuniu pouco tempo após a primeira derrota de Napoleão Bonaparte. Entre as potências vencedoras, Áustria, Prússia e Rússia, que formavam a **Santa Aliança**, tentaram impor um regime autoritário e conservador a fim de restaurar os limites territoriais anteriores a 1789, reinstituir as monarquias destituídas e suprimir as constituições liberais. A esse processo deu-se o nome de **Restauração**.

No entanto, o movimento restaurador não conseguiu reverter as transformações sociais que resultaram da Revolução Francesa. Como a burguesia exercia muita influência política, o retorno ao absolutismo não era mais possível.

O choque entre as monarquias conservadoras e os movimentos liberais resultou em uma série de revoluções na Europa:

- As **Revoluções de 1820** atingiram regiões com baixo desenvolvimento industrial, como o Reino das Duas Sicílias, a Espanha e Portugal, que adotaram constituições liberais.

- As **Revoluções de 1830** começaram na França, com a destituição do rei Carlos X, que havia tentado implantar medidas autoritárias; a Bélgica tornou-se independente dos Países Baixos; na Inglaterra, diante da pressão dos trabalhadores, foram aprovadas reformas eleitorais.

- A **Primavera dos Povos**, em 1848, teve a participação de liberais, nacionalistas, burgueses e trabalhadores; na França, o movimento resultou na substituição da monarquia por uma república; no Império Austríaco, as revoltas levaram à abolição do trabalho servil no campo e à tentativa dos húngaros de conquistar sua autonomia em relação aos austríacos.

AS REVOLUÇÕES DE 1848

Fonte: DUBY, Georges. Atlas histórico mundial. Barcelona: Larousse, 2010. p. 231.

O resultado das revoluções liberais do século XIX foi a divisão da Europa em **Estados-nações**. Para superar as identidades locais, os governos criaram feriados, construíram monumentos para celebrar a memória pública e estabeleceram a escolarização obrigatória para difundir o uso da língua e dos valores nacionais.

As transformações econômicas também colaboraram para a difusão do sentimento nacional. A industrialização favoreceu a uniformização dos sistemas de pesos e medidas, e a população desalojada do campo já não se identificava com seus locais de origem.

O **Romantismo**, movimento sociocultural que se estendeu das últimas décadas do século XVIII às primeiras décadas do século XIX, expressou esse contexto de transformações. Os artistas românticos valorizavam o passado nacional privilegiando traços como o idioma e o folclore, além de abordar de forma idealizada a origem e a trajetória histórica da nação.

AS UNIFICAÇÕES DA ITÁLIA E DA ALEMANHA

A Península Itálica estava dividida em diversos territórios, alguns deles independentes e outros submetidos ao Império Austríaco. Havia grande variedade de dialetos, e os costumes variavam bastante entre as regiões.

As invasões napoleônica e austríaca estimularam o **sentimento nacional** na região, mas as primeiras tentativas de unificação da Itália falharam. A partir do final da década de 1850, contudo, o contexto político internacional favoreceu o projeto de unificação.

Com a ajuda do imperador francês Napoleão III, o Reino de Piemonte-Sardenha derrotou, em 1859, as forças austríacas e unificou o norte. Do sul, Giuseppe Garibaldi, liderando os camisas vermelhas, conquistou o Reino das Duas Sicílias. O país foi unificado em 1861, e Vítor Emanuel II foi coroado **rei da Itália**. Como a Igreja Católica se opôs à unificação, Roma só foi anexada em 1870.

Na Europa Central, a Confederação do Reno, criada por Napoleão, foi substituída pela **Confederação Germânica** (1815-1866). Dominada pelo Império Austríaco e pela Prússia, a associação reunia as dezenas de reinos e principados germânicos da região.

O chanceler prussiano Otto von Bismarck recorreu ao nacionalismo e a conflitos bélicos para unificar a Alemanha. A união aduaneira (*Zollverein*) de 1834 e as guerras contra a Dinamarca (1864), a Áustria (1867) e a França (1870) insuflaram o sentimento nacional e permitiram à Prússia anexar os principados alemães. Em janeiro de 1871, Guilherme I tornou-se **imperador da Alemanha**.

A EXPANSÃO INDUSTRIAL NA EUROPA E AS NOVAS TEORIAS CIENTÍFICAS

O **liberalismo** impulsionou a expansão da Revolução Industrial na Europa no século XIX, relacionando o crescimento industrial à expansão comercial e à livre concorrência.

Embora a quantidade de operários nas fábricas ainda fosse pequena até meados do século XIX, a expansão industrial foi um dos principais fatores para o aumento da urbanização. Nas cidades industriais, havia intenso contraste entre os bairros proletários, com seus casebres, cortiços e vias malcuidadas, e os bairros burgueses, com vias pavimentadas e habitações embelezadas.

O século XIX também foi marcado pelas **exposições universais**, eventos que celebravam o desenvolvimento científico e tecnológico. Essas grandes feiras expunham o estágio técnico de cada nação, a solidez do capitalismo e o triunfo da civilização europeia.

Nesse contexto de desenvolvimento científico, em meados do século XIX o naturalista Alfred Russel Wallace (1823-1913) concluiu, por meio de pesquisas, que o desenvolvimento de uma espécie ocorria porque apenas os indivíduos mais bem-adaptados ao ambiente sobreviviam.

Pouco tempo depois, Charles Darwin (1809-1882) desenvolveu a ideia de **seleção natural**, segundo a qual os indivíduos de uma espécie apresentam grande variação entre si, e os grupos mais bem adaptados ao ambiente apresentam mais chances de obter recursos, sobreviver e deixar descendentes.

Quando as ideias de Darwin foram adaptadas para o estudo das sociedades humanas, elaborou-se o chamado **darwinismo social**. Essa doutrina recorria a ideias pseudocientíficas para hierarquizar povos e culturas entre civilizadas e não civilizadas, justificando comportamentos racistas, eugênicos, misóginos e eurocêntricos. Um dos principais formuladores do darwinismo social foi Herbert Spencer (1820-1903).

O SOCIALISMO, O ANARQUISMO E A COMUNA DE PARIS

A difusão do liberalismo pela Europa promoveu o desenvolvimento econômico e tecnológico, mas foi incapaz de explicar e solucionar a crescente desigualdade social e econômica. Essa situação levou muitos pensadores a elaborar propostas que, se efetivadas, proporcionariam condições de vida mais dignas e igualitárias.

As teorias desenvolvidas por pensadores entre o fim do século XVIII e o início do XIX foram batizadas de **socialismo utópico**.

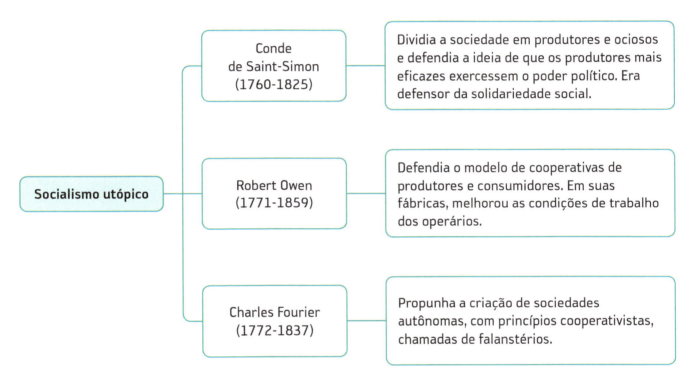

Como esses primeiros socialistas não apresentaram soluções para superar o capitalismo, foram chamados de **utópicos** por Karl Marx (1818-1883) e Friedrich Engels (1820-1895). Estes, por sua vez, desenvolveram o chamado **socialismo científico** por considerarem que sua análise do sistema capitalista proporcionaria meios de superá-lo. Para isso, os trabalhadores deveriam:

Ao mesmo tempo que se desenvolviam as teorias socialistas, foi difundido o **anarquismo**. Os primeiros teóricos dessa corrente foram Pierre-Joseph Proudhon (1809-1865), Mikhail Bakunin (1814-1876), Piotr Kropotkin (1842-1921) e Louise Michel (1830-1905). Eles defendiam o fim imediato das desigualdades sociais, jurídicas e econômicas.

Entre os pontos em comum que os pensadores anarquistas defendiam estavam:

- a supressão do Estado;
- a tomada de decisões coletivas por meio da autogestão;
- o combate a qualquer forma de dominação.

Entre os meses de março e maio de 1871, ocorreu a chamada **Comuna de Paris**, considerada por Marx uma das primeiras experiências socialistas. As epidemias e a escassez de alimentos em Paris, ocasionadas pela invasão alemã durante a Guerra Franco-Prussiana (1870-1871), somadas à rendição do governo, revoltaram a população, que tomou a cidade.

Os revoltosos instituíram um governo com características socialistas: havia reuniões regulares para decidir os rumos do governo. Creches e escolas foram criadas, e as fábricas, abandonadas por seus proprietários, eram geridas coletivamente.

A Comuna foi esmagada pelo exército francês com o apoio das tropas prussianas. Cerca de 20 mil pessoas foram assassinadas e outras 40 mil, deportadas ou presas.

Teste e aprimore seus conhecimentos com as atividades a seguir.

1. **Responda às questões abaixo, sobre as agitações políticas na Europa do início do século XIX.**

    a) O que foi o período da Restauração e quais foram os seus impactos para a Europa do século XIX?

    _____
    _____
    _____
    _____
    _____
    _____
    _____
    _____

    b) Que relações a Restauração estabeleceu com o nacionalismo?

    _____
    _____
    _____
    _____
    _____
    _____
    _____
    _____

2. Complete o quadro com informações sobre as revoluções europeias da primeira metade do século XIX.

	1820	1830	1848
Principais motivos:			
Países em que as revoluções ocorreram:			
Resultados:			

3. Sobre o desenvolvimento do sentimento nacional e sua relação com o Estado, leia os textos abaixo e responda às questões.

"O movimento das nacionalidades no século XIX foi em parte obra de intelectuais, graças aos escritores que contribuem para o renascer do sentimento nacional; graças aos linguistas, filólogos e gramáticos, que reconstituem as línguas nacionais; [...] graças aos historiadores, que procuram encontrar o passado esquecido da nacionalidade; graças aos filósofos políticos (a ideia de nação constituía o centro de alguns sistemas políticos). O movimento toca também a sensibilidade, talvez mais ainda do que a inteligência, e é como tal que ele se transforma numa força irresistível, que ele provoca um impulso."

RÉMOND, René. *O século XIX: 1815-1914*. São Paulo: Cultrix, 1997. p. 150.

"Ao longo do século XIX, essas intervenções se tornaram tão universais e rotinizadas [...] que uma família teria que viver em um lugar muito inacessível se um de seus membros não quisesse entrar em contato regular com o Estado nacional e seus agentes: através dos carteiros, do policial ou do guarda, e oportunamente do professor [...]. Cada vez mais o Estado detinha informações sobre cada um de seus indivíduos e cidadãos através do instrumento representado por seus censos periódicos regulares [...], através da educação primária [...] e através do serviço militar obrigatório, onde existisse."

HOBSBAWM, Eric. *Nações e nacionalismo desde 1780: programa, mito e realidade*. 6. ed. Rio de Janeiro: Paz e Terra, 2013. p. 116.

a) Que aspectos da construção das nacionalidades o historiador René Rémond menciona?

_____

_____

_____

_____

_____

b) Segundo o historiador Eric Hobsbawm, que medidas governamentais fortaleciam a ideia de Estado nacional?

_____

_____

_____

_____

_____

_____

c) Em sua opinião, os fatores que colaboraram para a construção do sentimento de nacionalidade citados por Réne Rémond e Eric Hobsbawm estão presentes no cotidiano do brasileiro dos dias atuais? Justifique.

_____

_____

_____

_____

_____

_____

_____

4. Classifique as afirmativas a seguir em verdadeiras (V) ou falsas (F).

a) (   ) A unificação da Itália foi um dos efeitos imediatos da chamada Primavera dos Povos, de 1848.

b) (   ) As conquistas militares no norte e no sul da Península Itálica resultaram na unificação da Itália em 1861.

c) (   ) O revolucionário Giuseppe Garibaldi, líder dos camisas vermelhas, foi o primeiro rei da Itália unificada.

d) (   ) O processo de unificação da Itália só terminou com a incorporação de Roma, cidade governada pela Igreja Católica.

e) (   ) A unificação do Estado alemão só ocorreu quando uma revolta popular destronou o rei prussiano Guilherme I.

f) (   ) Otto von Bismarck, chanceler da Prússia, foi o principal articulador da unificação alemã.

g) (   ) Bismarck estimulou o nacionalismo alemão por meio de guerras contra outros países europeus.

Observe a charge a seguir para fazer as atividades 5 e 6.

O chanceler Otto von Bismarck varrendo soldados envolvidos na Guerra Franco-Prussiana em charge de 1871.

5. Identifique as afirmativas corretas e some os valores.

02. Otto von Bismarck foi representado na charge varrendo os soldados de Guilherme I, rei da Prússia, revelando sua índole pacifista.

08. Na charge, o chanceler da Prússia, Otto von Bismarck, foi representado varrendo soldados franceses em alusão à vitória prussiana na Guerra Franco-Prussiana (1870-1871).

12. A charge revela o poderio e a invencibilidade do exército francês na época ao representar Napoleão III varrendo as tropas de Otto von Bismarck, derrotadas na Guerra Franco-Prussiana (1870-1871).

16. A charge pertence ao contexto histórico da unificação alemã, processo em que a atuação de Bismarck se destacou.

22. O personagem principal da charge, Otto von Bismarck, equipou, modernizou e treinou o exército prussiano, transformando-o na mais poderosa força armada da Europa, o que facilitou a vitória da Prússia sobre os franceses, como mostra a charge.

Soma: _____

6. Relacione a charge à formação da Comuna de Paris, que ocorreu em 1871.

_____
_____
_____
_____

7. Observe a tirinha abaixo e faça o que se pede.

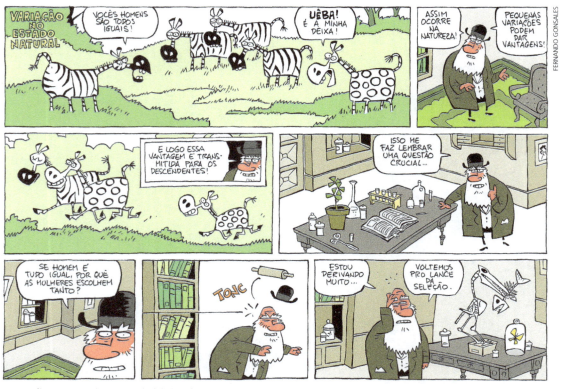

Variação no estado natural, tirinha de Fernando Gonsales publicada no jornal *Folha de S.Paulo*, 2009.

a) Identifique o personagem humano representado na tirinha.

b) Descreva com suas palavras a teoria mencionada na tirinha.

c) De acordo com o personagem humano, por que uma zebra com círculos no corpo teria sucesso no ambiente representado pelo artista?

8. Marque A para as afirmativas que se referem ao anarquismo e S para as que dizem respeito ao socialismo científico.

a) (   ) De acordo com essa teoria, elaborada pelos alemães Karl Marx e Friedrich Engels, existe uma permanente luta de classes, que se manifesta nos conflitos entre a burguesia e o proletariado.

b) (   ) Os adeptos dessa teoria são a favor da destruição do Estado, considerado responsável pelas desigualdades sociais, e a sua substituição por cooperativas autogestionadas, baseadas na livre associação dos indivíduos.

c) (   ) Os adeptos dessa teoria repudiam qualquer tipo de governo e instituição representativa, criticando a exploração promovida pelo sistema capitalista e defendendo a ação direta dos trabalhadores. Teve forte influência nos movimentos operários até o começo do século XX.

d) (   ) Os adeptos dessa teoria defendem a ideia de uma ditadura do proletariado para superar o capitalismo. Para isso, seria necessário fazer uma revolução proletária, na qual os trabalhadores tomariam o poder e se apropriariam dos meios de produção.

9. Aponte a principal diferença entre os socialistas utópicos e os socialistas científicos.

10. Leia o texto a seguir e responda: qual foi a originalidade da Comuna de Paris? Justifique sua resposta.

"Nos seus 72 dias de efêmera e rica existência, a Comuna somente pode ensaiar o que seria o 'governo dos produtores pelos produtores' [...].

Forma não repressiva, a Comuna em seu primeiro ato suprime o aparato militar estatal substituindo o exército permanente pelo povo armado, suprime o serviço militar obrigatório e retira da polícia qualquer atribuição de política.

Ágil e flexível, quebra a monstruosa máquina burocrática e parlamentar herdada, estruturando-se como organismo de trabalho, ao mesmo tempo executivo e legislativo. Todos os seus membros e funcionários eram eleitos por sufrágio universal, com mandatos revogáveis a qualquer tempo e seus salários equivalentes aos dos operários. [...]

Esta dinâmica de destruição e criação é a originalidade da Comuna de Paris [...]."

BARSOTTI, Paulo. "Estamos aqui pela humanidade!" Viva a Comuna de Paris de 1871!. *Lutas Sociais*, v. 8, jun. 2002. Disponível em <http://mod.lk/Bqo2y>. Acesso em 23 nov. 2018.

UNIDADE 8 O IMPERIALISMO NO SÉCULO XIX

RECAPITULANDO

A SEGUNDA REVOLUÇÃO INDUSTRIAL

Em meados do século XIX, descobertas científicas e avanços tecnológicos, como o **processo Bessemer** – que possibilitou a obtenção do aço por meio da retirada das impurezas do minério de ferro –, a invenção do **motor de combustão interna** e o aperfeiçoamento do **dínamo** – dispositivo que transforma energia mecânica em elétrica – foram aplicados na produção industrial. Em razão disso, houve um aumento extraordinário na capacidade produtiva e na formação de novas indústrias.

A **Segunda Revolução Industrial** atingiu diferentes países dos continentes europeu, asiático e americano e inaugurou a era do **capitalismo financeiro**. Para desenvolver suas atividades econômicas, empresas de petróleo, usinas elétricas e siderúrgicas dependiam de grandes investimentos realizados por meio da negociação de ações em instituições bancárias. Nesse contexto, surgiram modelos de organização empresarial, como **trustes**, **cartéis** e *holdings*, que resultaram na concentração de capitais em grupos econômicos, os **oligopólios**, em detrimento das pequenas e médias empresas e da livre concorrência.

OLIGOPÓLIOS

- Cartel: estabelecimento de acordos ocasionais entre empresas independentes.
- Truste: fusão de empresas do mesmo ramo para controlar o mercado.
- *Holding*: detenção por uma empresa do controle acionário de várias outras empresas a ela subordinadas.

A EXPANSÃO IMPERIALISTA NA ÁFRICA

No século XIX, as potências capitalistas europeias industrializadas foram protagonistas da expansão colonial que ocorreu na África e na Ásia. Nesse processo, conhecido como **neocolonialismo**, essas potências pretendiam atender às demandas do capital industrial e financeiro por meio do **imperialismo**, conquistando fontes de matérias-primas e mercados para suas indústrias.

Os interesses e as divergências entre as potências foram discutidos na **Conferência de Berlim** (1884-1885), ao final da qual foi decidida a posse de territórios na África pelas nações imperialistas. No processo de colonização, foram praticadas políticas de assimilação – por Portugal, França e Bélgica, por exemplo – e de diferenciação – pelo Reino Unido e pela Alemanha, por exemplo.

A expansão do Reino Unido na África se iniciou em 1875, no Egito, onde se estabeleceu um protetorado. Em seguida, os britânicos conquistaram o Sudão egípcio, a Rodésia, a Nigéria e a África Oriental Britânica. Na África do Sul, eles empreenderam uma guerra contra os bôeres, descendentes de colonos holandeses, e anexaram o território.

Política de assimilação: criação de uma elite de colaboradores locais europeizada nas colônias.

Política de diferenciação: reconhecimento de lideranças locais que pudessem se tornar representantes dos europeus.

Os franceses ocuparam praticamente todo o noroeste do continente, como os territórios que hoje correspondem ao Gabão, a parte do Congo, ao Marrocos, à Tunísia, à Argélia e a Madagascar. Portugal ampliou seus domínios para além das antigas colônias de Angola e Moçambique e formou a Guiné Portuguesa, na costa ocidental do continente. O rei belga Leopoldo II praticamente transformou parte da região próxima à Bacia do Rio Congo em sua propriedade particular, e o Estado alemão ocupou Camarões e fundou colônias na África Oriental Alemã e no Sudoeste Africano.

A resistência africana à dominação imperialista ocorreu em todas as terras subjugadas pelos europeus. Povos como os hereros, na atual Namíbia, os zulus, na atual África do Sul e os ashanti, na atual Gana, enfrentaram os conquistadores em muitas batalhas. Na **Rebelião Ashanti**, entre 1890 e 1900, o povo nativo não aceitou a deposição dos chefes tradicionais e a cobrança de indenizações por revoltas anteriores. Após violentas batalhas, que culminaram com a prisão e a deportação da líder Yaa Asantewaa, os ingleses tomaram o poder.

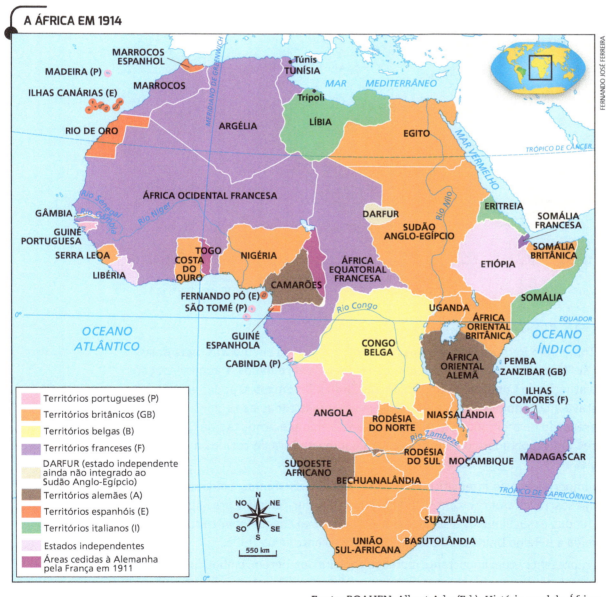

A ÁFRICA EM 1914

Fonte: BOAHEN, Albert Adu (Ed.). *História geral da África: África sob dominação colonial, 1880-1935.* 3. ed. São Paulo: Cortez; Brasília: Unesco, 2011. v. 7. p. 50. (Coleção História geral da África)

O IMPERIALISMO NA ÁSIA E NA OCEANIA (1900)

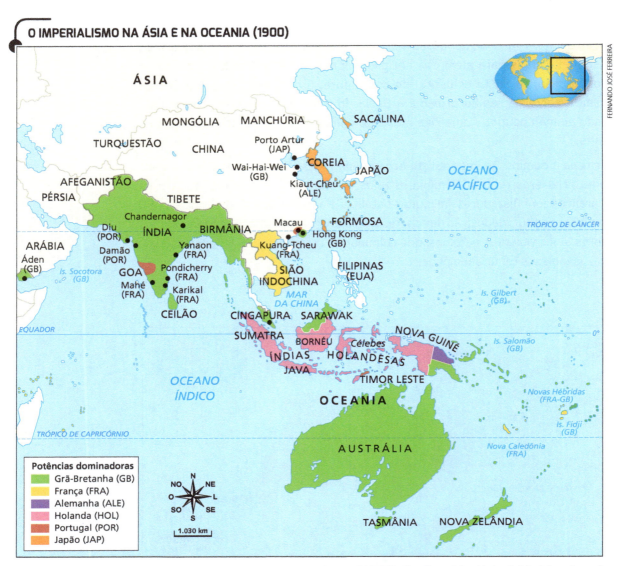

Fonte: PARKER, Geoffrey. *Atlas Verbo de história universal*. Lisboa: Verbo, 1997. p. 113.

A EXPANSÃO IMPERIALISTA NA ÁSIA

A ocupação da Índia pelo Reino Unido se consolidou na metade do século XIX, mas desde meados do século XVIII muitos principados indianos já eram subordinados à administração inglesa em razão da atuação da **Companhia Britânica das Índias Orientais**. O poder econômico dessa empresa afetava a autonomia política e judiciária em quase todas as regiões da Índia. O Reino Unido, interessado no mercado consumidor indiano, proibiu a produção de tecidos na colônia e a converteu em exportadora de matéria-prima e importadora de tecidos de algodão manufaturados ingleses.

A resistência ao imperialismo se intensificou em 1857, quando os **sipaios**, soldados nativos recrutados pelos ingleses, revoltaram-se contra a utilização de gordura animal para impermeabilizar as munições – hindus e muçulmanos proibiam o sacrifício animal em qualquer circunstância. A rebelião foi reprimida e o Reino Unido assumiu diretamente o controle da Índia.

A China também representava um importante mercado consumidor. Porém, embora permitisse o comércio internacional, o governo chinês impedia qualquer intervenção estrangeira na política.

Quando o comércio e o consumo do ópio, estimulado e controlado pelos britânicos, causou o vício e a morte de milhões de habitantes e provocou séria crise financeira, os chineses tentaram impedir sua comercialização, iniciando-se, assim, em 1839, a **Guerra do Ópio**. A China acabou por render-se e assinar, em 1842, o **Tratado de Nanquim**, que estabeleceu a abertura de alguns portos chineses ao comércio e transferiu Hong Kong para o domínio britânico.

Ao final do século XIX, a população camponesa, empobrecida, passou a combater o banditismo e os estrangeiros por meio da organização de sociedades secretas. Uma delas, a **Sociedade dos Punhos Harmoniosos e Justiceiros**, combinava a prática do boxe chinês e o xamanismo. No ano de 1900, os **boxers** ocuparam Pequim e declararam guerra às potências imperialistas, mas um ano depois foram derrotados, e a China teve de pagar 333 milhões de dólares às nações imperialistas.

OS ESTADOS UNIDOS NO SÉCULO XIX

Entre 1861 e 1865, uma guerra civil tomou conta dos Estados Unidos. A mais importante razão para o conflito entre os estados do norte e os estados do sul era a manutenção da escravidão.

Enquanto no sul a principal mão de obra das fazendas produtoras de algodão era a escrava, no norte a produção rural estava organizada em pequenas propriedades com utilização do trabalho livre e assalariado. Nos estados do norte também ocorria forte expansão industrial.

Quando a integração das terras localizadas ao oeste dos Estados Unidos foi colocada em questão, as diferenças entre os estados do sul e os do norte se acentuaram. Os sulistas queriam expandir suas propriedades escravocratas e manter as tarifas de importação baixas para comprar produtos estrangeiros mais baratos, enquanto os nortistas pretendiam aumentar a quantidade de pequenas propriedades e as taxas alfandegárias para diminuir a importação de produtos e alavancar o mercado interno.

No ano de 1860, o presidente eleito **Abraham Lincoln**, embora fosse antiescravista, prometeu manter a escravidão nos estados em que ela já era praticada e combater qualquer tipo de movimento separatista. Um ano depois, contudo, mais de dez estados do sul decidiram se separar e fundaram um novo país chamado por eles de **Estados Confederados da América**. A **Guerra Civil Americana** ou **Guerra de Secessão** (1861-1865) eclodiu nesse momento.

A **Lei do Confisco**, que permitia o confisco dos bens dos confederados, inclusive escravizados, acabou estimulando fugas coletivas de escravizados na tentativa de conquistar a liberdade definitivamente. No ano de 1863, Lincoln decretou o **fim da escravidão** e, dois anos depois, o exército confederado, formado pelos sulistas, foi derrotado pelo exército da União.

A abolição da escravidão, entretanto, não garantiu aos negros a conquista da cidadania. Os ex-escravizados continuaram sofrendo violenta discriminação, além da segregação racial. Escolas, meios de transporte e diversos espaços públicos, como parques, bebedouros e calçadas, tiveram espaços separados para negros e brancos, conforme as **Leis Jim Crow**, aprovadas em muitos estados em 1870. A intolerância racial foi tão profunda que uma associação secreta, a **Ku Klux Klan (KKK)**, formada por veteranos do exército confederado, pregava a supremacia branca e promovia atentados, assassinatos e linchamentos contra a população negra.

Desde a independência, o território estadunidense esteve em contínua expansão. No início do século XIX, a Louisiana e a Flórida foram compradas da França e da Espanha, e o Texas, que fazia parte do México, foi tomado após guerras. Difundiu-se, nos Estados Unidos, a ideia de que os estadunidenses eram o povo eleito por Deus para expandir seu domínio em direção ao oeste. Tal ideologia foi legitimada com o uso do termo **Destino Manifesto**.

No ano de 1823, o presidente James Monroe elaborou a **Doutrina Monroe** com o objetivo de impedir a intervenção europeia no continente americano. A bandeira "a América para americanos" foi usada, inclusive, para justificar a conquista dos territórios mexicanos.

Teste e aprimore seus conhecimentos com as atividades a seguir.

1. Complete o quadro abaixo, sobre a Segunda Revolução Industrial.

Segunda Revolução Industrial				
Países ou regiões atingidos	Principais inovações tecnológicas	Inovações nos transportes e nas comunicações	Etapas do capitalismo que inaugurou	Processos externos que impulsionou

2. Relacione os termos a seus significados e contextos.

   a) Capitalismo financeiro.
   b) Capitalismo industrial.
   c) Imperialismo.
   d) Oligopólio.

   ( ) Expansão do grande capital monopolista pelas terras da África, da Ásia e da América Latina, impulsionada pela intenção de conquistar novos mercados.
   ( ) Forma de organização do mercado em que o capital está concentrado nas mãos de empresas gigantes e poderosas.
   ( ) O truste, o cartel e as *holdings* são modelos de organização empresarial característicos desse sistema.
   ( ) Em grande parte, os recursos gerados pela indústria alimentavam seu desenvolvimento.
   ( ) Fase do capitalismo caracterizada pelo controle da economia pelas instituições bancárias.

3. Assinale a alternativa correta.

   a) A exploração de territórios africanos e asiáticos contribuiu para acelerar a industrialização europeia.
   b) Os europeus se fixaram na África para proteger parte de seus habitantes das ditaduras locais.
   c) As fábricas europeias buscavam mão de obra qualificada no continente asiático.
   d) O imperialismo foi um acordo de cooperação comercial entre Europa, Ásia e África.
   e) A falta de mercadorias para a população europeia resultou no imperialismo.

Leia os textos a seguir para resolver as atividades 4 e 5. O primeiro é o comentário de um empresário e explorador britânico na África; o segundo é um trecho do livro *O coração das trevas*, de Joseph Conrad, no qual um personagem analisa a situação da África Central antes e depois da colonização europeia.

"A ideia que mais me acode ao espírito é a solução do problema social, a saber: nós, os colonizadores, devemos, para salvar os quarenta milhões de habitantes do Reino Unido de uma mortífera guerra civil, conquistar novas terras a fim de aí instalarmos o excedente da nossa população, de aí encontrarmos novos mercados para os produtos das nossas fábricas e das nossas minas. Se quereis evitar a guerra civil é necessário que vos torneis imperialistas."

Cecil Rhodes, explorador britânico, 1895. In: LÊNIN, V. *Imperialismo*: fase superior do capitalismo. São Paulo: Global, 1982. p. 78.

"Cessara de ser um espaço em branco ou um delicioso mistério – um retalho sobre o qual um garoto podia sonhar sonhos de glória. Tornara-se um lugar tenebroso."

CONRAD, Joseph. *O coração das trevas*. Porto Alegre: L&PM, 1997. p. 13.

4. Transcreva, do primeiro texto, dois objetivos da expansão imperialista do século XIX.

5. Qual é a diferença de ponto de vista entre os dois textos a respeito da ação colonizadora na África?

6. Dê um exemplo de reação ao domínio imperialista na África e escreva um texto caracterizando o movimento.

7. Observe a charge e responda às questões.

O bolo chinês, charge de Henry Meyer publicada no jornal francês *Le Petit Journal*, de 16 de janeiro de 1898.

a) Identifique os países representados pelos personagens da charge.

b) O que as figuras sentadas à mesa estão "repartindo"? O que isso significa historicamente?

c) Qual é a postura da figura que representa a China diante da situação?

8. Classifique as afirmativas a seguir em verdadeiras (V) ou falsas (F). Em seguida, reescreva as falsas, corrigindo-as.

a) (   ) Os estadunidenses promoveram uma política de expansão territorial que respeitou as terras e as culturas indígenas, garantindo a parceria comercial com os nativos.

b) (   ) A doutrina do Destino Manifesto propagava a ideia de que os estadunidenses eram o povo eleito por Deus para estender seu domínio em direção às terras do oeste.

c) (   ) A expansão dos Estados Unidos ocorreu por meio da compra de territórios e de conflitos travados tanto com outros países, como o México, quanto com os indígenas que viviam na região.

d) (   ) A Doutrina Monroe foi elaborada pelo então presidente James Monroe, em 1823, com o objetivo de afastar a influência dos europeus do continente americano e garantir o lema "a América para os americanos".

e) (   ) A ocupação do oeste dos Estados Unidos não significou apenas a expansão territorial, mas também a garantia da unidade do país e de uma identidade nacional estadunidense.

9. Leia o texto a seguir, referente à ocupação das terras indígenas nos Estados Unidos no século XIX.

"O presidente declarou em Washington que deseja comprar a nossa terra. Mas como se há de comprar ou vender o céu, a terra? Tal ideia é estranha para nós. Se não possuímos a presença do ar, e o brilho da água, como se há de comprá-los? Cada pedaço desta terra é sagrado para o meu povo."

Fragmento da resposta do cacique Seattle, de 1865, ao pedido de compra das terras de seu povo feito pelo governo estadunidense. In: FIGUEIREDO, Carlos (Org.). *100 discursos históricos*. 5. ed. Belo Horizonte: Leitura, 2002. p. 275.

a) Complete a ficha sobre o texto.

Tipo de documento:	
Ano do documento:	
Quem o pronunciou:	
A quem era destinado:	
Qual era seu objetivo:	

b) Qual era a finalidade do governo estadunidense em comprar as terras indígenas?

c) Por que, segundo o cacique, a prática de comprar terras era estranha para os indígenas?

d) Qual foi a consequência dessa política do governo para os indígenas do território e para os Estados Unidos?

10. A tabela a seguir apresenta dados sobre o alistamento e as baixas dos dois lados na Guerra de Secessão. Observe-a e responda às questões.

	União	Confederação
Homens alistados	2.200.000	800.000
Total de mortos	360.222	258.000
Total de feridos	275.175	125.000

Fonte: *Atlas da história do mundo*. São Paulo: Times/Folha de S.Paulo, 1995. p. 219.

a) Calcule a porcentagem de mortos e feridos da União e da Confederação. Que lado da guerra, proporcionalmente, perdeu mais homens?

b) Utilizando os dados da tabela, aponte uma das causas da vitória da União.

11. Observe a fotografia para responder às questões.

Placa indicando sala de espera para pessoas negras em estação de ônibus de Durham, na Carolina do Norte, nos Estados Unidos. Foto de 1940.

a) A fotografia foi tirada nos Estados Unidos em 1940, mas ela também diz respeito às leis criadas na década de 1870. Que leis eram essas?

b) Essas leis duraram até a década de 1960. Com base na imagem, o que elas estabeleciam?

c) Essa foto revela que as condições de vida dos negros melhoraram após o fim da escravidão nos Estados Unidos? Por quê? Discuta essas questões com os colegas e o professor. Depois, registre as conclusões a que chegaram.